난, 궁금한 건 못 참아 ~~~~

재미있게 술술 읽는
저학년 과학상식

류철상 엮음

상석각

재미있게 술술 읽는 저학년 과학상식

과학이 어렵다구요?!

왜 그럴까요~~

어떻게 그럴 수가 있지요~~

이렇게 우리가 무심코 지나쳐 버릴 수 있는 여러 가지 일들에 새로운 물음표를 달아 보세요.

이러한 궁금증이 바로 과학의 출발입니다

여러분이 보고 듣고 만지고 느끼는 모든 것이 과학 연구의 대상이 될 수 있으며, 그것은 결코 어렵고 지루한 것이 아닙니다.

오히려 너무나 흥미롭고 신비로운 세계가 숨겨져 있다는 걸 발견하고는 그 재미에 쏙쏙 빠져들게 될 거예요.

이제 하루에 한 번씩 '왜 그럴까?' 하는 생각을 하면서 과학자가 되는 문턱에 한 발 가까이 다가가 보세요.

술술 재미있게 읽을 수 있는 〈저학년 과학 상식〉이 도와줄 테니까요!

차례

동물 이야기

거북은 육식일까요, 초식일까요 · **14**

개구리는 허파로 숨을 쉬는데, 올챙이는 어디로 숨을 쉴까요 · **16**

갓 태어난 캥거루 새끼가 어떻게 어미의 주머니에 들어갈까요 · **18**

비둘기는 걸을 때 왜 목을 흔드는 것일까요 · **20**

동물도 사람처럼 이갈이를 할까요 · **22**

잉꼬는 왜 횃대를 갉아먹을까요 · **24**

고양이는 왜 개다래나무를 좋아할까요 · **26**

물고기를 좋아하는 고양이는 물도 좋아할까요 · **28**

도마뱀의 꼬리를 자르면 어떻게 될까요 · **30**

닭은 어째서 모래나 유리를 먹어도 괜찮을까요 · **32**

판다(팬더)는 왜 중국에만 살고 있을까요 · **34**

코뿔소의 뿔은 무엇으로 만들어져 있을까요 · **36**

귀뚜라미가 아름다운 소리를 내는 비결은 무엇일까요 · **38**

지금도 시베리아에는 매머드(맘모스)가 살고 있나요 · **40**

쥐가 다니는 길목에 비누를 놓아두면 쥐는 그것을 먹을까요, 안 먹을까요 · **42**

토끼에게 물을 먹이면 정말 죽을까요 · **44**

파리는 왜 더러운 똥에 앉을까요 · **46**

무당벌레는 무엇을 먹고 살까요 · **48**

금붕어의 암수는 어디로 구별할까요 · 50

새는 왜 전깃줄에 앉아도 감전되지 않을까요 · 52

매미는 도망칠 때 왜 오줌을 눌까요 · 54

밤이 되면 고양이의 눈동자가 커지는 까닭은 무엇일까요 · 56

고래는 발이 있을까요, 없을까요 · 58

개구리는 아무것도 먹지 않고 어떻게 겨울을 날까요 · 60

식물 이야기

나무는 끝없이 자랄까요 · 64

싹은 씨앗의 단단한 껍데기를 어떻게 뚫고 나올까요 · 66

과일의 씨 속에서도 싹이 돋아날까요 · 68

그늘에서 자라는 해바라기도 태양을 좇아 움직일까요 · 70

보리는 왜 밟을수록 잘 자랄까요 · 72

나팔꽃의 가늘고 흰 털은 어떤 역할을 할까요 · 74

화분 둘레에 계란 껍질을 놓는 이유는 무엇일까요 · 76

송이버섯은 왜 재배할 수 없을까요 · 78

잡초는 어떻게 구분할까요 · 80

고산 식물은 어느 정도의 높이에서 자라는 식물을 말할까요 · 82

꽃의 향기는 어디에서 날까요 · 84

백일홍은 왜 백일홍이라 불릴까요 · 86

식물은 겨울이 되면 왜 잎사귀를 모두 떨어뜨릴까요 · 88

씨감자를 자른 후에 왜 재를 바를까요 · 90

곰팡이는 청소부 · 92

우리 몸 이야기

충치가 생기면 왜 배와 머리도 아플까요 · 96

머리를 부딪치면 왜 혹이 생길까요 · 98

털은 깎을수록 굵어진다구요 · 100

재채기나 기침은 왜 나올까요 · 102

배꼽에 반창고를 붙이면 멀미를 안 하나요 · 104

피는 빨간색인데 왜 혈관은 초록색일까요 · 106

추워지면 살갗이 오톨도톨해지는 까닭은 무엇일까요 · 108

모기에 물리면 왜 가려울까요 · 110

어두운 곳에 있다가 밝은 곳으로 나오면 잘 보이지 않는 이유는 무엇일까요 · 112

입 속에 염증은 왜 생길까요 · 114

생활 이야기

선풍기의 날개와 비행기의 프로펠러는 어떻게 다를까요 · 116

날계란과 삶은 계란은 어떻게 가려낼 수 있나요 · 118

달리는 기차의 창 밖을 보면 왜 먼 경치보다 가까운 곳이 빨리 지나갈까요 · 120

냉장고에서 얼린 얼음은 왜 뿌열까요 · 122

달리는 버스 안에서 펄쩍 뛰어도 제자리에 떨어질까요 · 124

멀리 있는 것이 작게 보이는 이유는 무엇일까요 · 126

전기 플러그 다리에는 왜 구멍이 뚫렸을까요 · 128

치약에는 무엇이 들어 있을까요 · 130

지구상의 물질 중에서 제일 단단한 것은 무엇일까요 · 132

우표 뒷면에 칠해진 풀은 무엇으로 만들까요 · 134

단팥죽에 소금을 넣으면 어떤 맛일까요 · 136

우유를 데울 때 생기는 얇은 막은 무엇일까요 · 138

온도계에 부채질을 하면 온도가 올라갈까요, 내려갈까요 · 140

연기는 보이는데 공기는 왜 보이지 않을까요 · 142

거울에 입김을 불면 뿌옇게 흐려지는 이유는 무엇일까요 · 144

터널은 왜 모두 둥근 모양일까요 · 146

냉장고 안의 채소가 말라 버리는 이유는 무엇일까요 · 148

얼음 속에 있는 하얀 알맹이는 무엇일까요 · 150

떨어지는 물방울은 어떻게 생겼을까요, 공처럼 둥근 모양일까요 · 152

밥을 주지 않아도 자동 시계가 계속 돌아가는 이유는 무엇일까요 · 154

겨울철 따뜻한 방 안의 창문이 뿌옇게 흐려지는 까닭은 무엇일까요 · 156

알루미늄이 물에 뜨는 이유는 무엇일까요 · 158

하얀 불꽃은 없을까요 · 160

맑은 날인데도 비가 오는 까닭은 무엇일까요 · 162

물고기 이야기

침팬지와 돌고래 중 어느 것이 더 영리할까요 · 164

물고기도 방귀를 뀔까요 · 166

물고기의 암컷과 수컷은 태어날 때부터 정해져 있을까요 · 168

게는 왜 옆으로 걸을까요 · 170

뱀장어도 비늘이 있을까요 · 172

물고기는 모두 몇 종류나 될까요 · 174

물고기의 나이는 어떻게 셀까요 · 176

물고기는 어디로 소리를 들을까요 · 178

미꾸라지는 암수를 어떻게 구별할까요 · 180

플라스틱이나 고무로 만든 가짜 미끼에도 물고기가 걸려 들까요 · 182

물고기도 잠을 잘까요 · 184

겨울잠을 자는 잉어는 먹이를 어떻게 먹을까요 · 186
낚시를 할 때 물고기에 따라 끌어당기는 힘이 다른 이유는 무엇일까요 · 188
물고기는 왜 지느러미가 있을까요 · 190
수돗물에 금붕어를 넣으면 어떻게 될까요 · 192
물고기도 색깔을 구별할 수 있을까요 · 194
물고기에도 코가 있을까요 · 196
물고기의 수염은 무슨 일을 할까요 · 198
비단잉어의 몸 빛깔은 왜 그렇게 화려할까요 · 200
조개가 자라면 조개 껍데기는 어떻게 될까요 · 202
바닷물고기는 민물고기보다 맛이 짤까요 · 204

동물 이야기

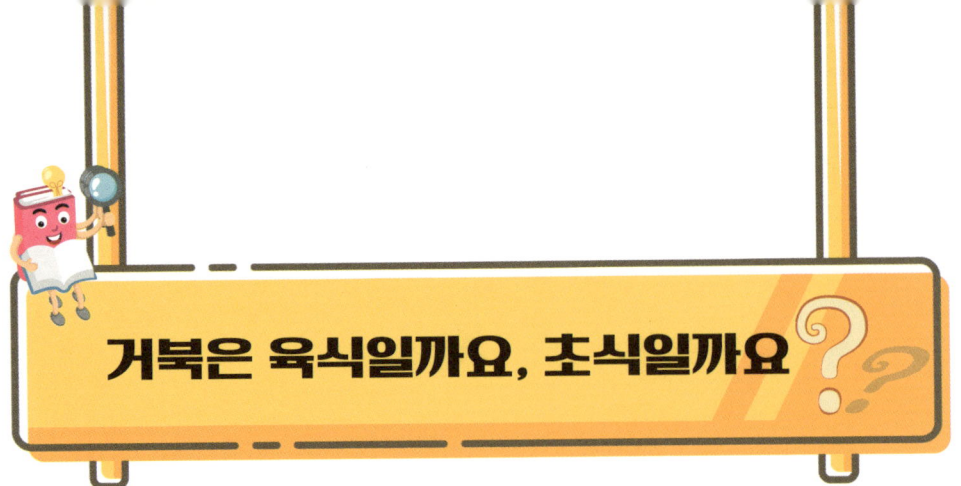
거북은 육식일까요, 초식일까요?

거북은 이 지구상에 약 200여 종류가 있습니다. 그러므로 자신이 살고 있는 환경에 따라서 그 식성도 각각 다릅니다.

초원에서 살고 있는 코끼리거북은 몸집은 커다랗지만 주로 풀을 먹고 삽니다.

바다에서 사는 붉은바다거북이나 푸른바다거북은 바닷속의 물풀도 먹지만 물고기나 조개 등을 즐겨 먹으므로 육식성이라고 할 수 있습니다.

흔히 사육되는 남생이(거북과 비슷하나 냇가나 연못에 살며 크기가 작다)나 초록거북 등의 외국산 거북은 식물도 먹고 작은 동물도 먹는 잡식성 거북입니다.

그러므로 거북을 기를 때에는 그 거북이 어떤 식성에 속하는지 잘 알아보고 그에 맞는 먹이를 주어야 합니다.

개구리는 허파로 숨을 쉬는데, 올챙이는 어디로 숨을 쉴까요

올챙이가 알에서 처음 깨어났을 때는 아가미로 숨을 쉬지만 아가미는 점차 아감딱지에 가려지고 허파로 숨을 쉬게 됩니다.

올챙이가 개구리로 되는 것을 '변태'라고 하는데 이 경우는 변화가 아주 심합니다.

올챙이의 숨쉬는 기관이 변하는 이유는 물 속에서 얻던 산소를 공기 속에서 얻어야 하므로 그에 따라 몸의 기구도 바뀌기 때문입니다.

따라서 아가미와 허파는 전혀 다른 것이고, 아가미가 없어지면서 허파의 활동으로 바뀌는 것입니다.

개구리는 허파로 숨을 쉴 뿐만 아니라 살갗과 입 속의 상피로도 숨을 쉽니다.

갓 태어난 캥거루 새끼가 어떻게 어미의 주머니에 들어갈까요

캥거루와 같이 배에 커다란 주머니가 있는 동물들을 유대류라고 합니다. 그리고 이 주머니는 육아낭(새끼를 기르는 주머니)이라고 부릅니다.

유대류는 새끼가 태어나면 이 주머니에 넣어서 기릅니다.

그런데 갓 태어난 새끼가 과연 어떻게 이 주머니 속으로 들어갈까요?

갓 태어난 새끼는 발가숭이이고 눈도 보이지 않지만, 스스로의

힘으로 어미 캥거루의 배를 기어올라 주머니 속으로 들어갑니다. 그리고 그 곳에서 젖을 먹으면서 자랍니다.

　이 때 새끼의 크기는 2.5센티미터 정도이고 몸무게는 약 1그램입니다.

비둘기는 걸을 때 왜 목을 흔드는 것일까요

   비둘기는 걸음을 걸을 때에 목을 흔드는 것처럼 보이지만 사실 고개는 움직이지 않습니다.

   비둘기는 목을 항상 똑바로 세우고 있는데 몸을 빠르게 움직이므로 목을 흔들고 있는 것처럼 보이는 것입니다.

   만약 걸을 때마다 머리나 목을 흔들어 댄다면 그 때마다 눈의 초점을 바꾸지 않으면 안 됩니다. 그것은 무척 힘든 일이기 때문에 머리의 위치는 바꾸지 않습니다.

비둘기는 목이 짧기 때문에 흔드는 것처럼 보이지만, 목이 긴 백로 등이 걷는 것을 보면 머리의 위치는 항상 땅 위에서 똑같은 높이를 유지하고 있다는 것을 잘 알 수 있습니다.

기린과 같은 동물도 걸을 때 머리 위치는 바뀌지 않습니다.

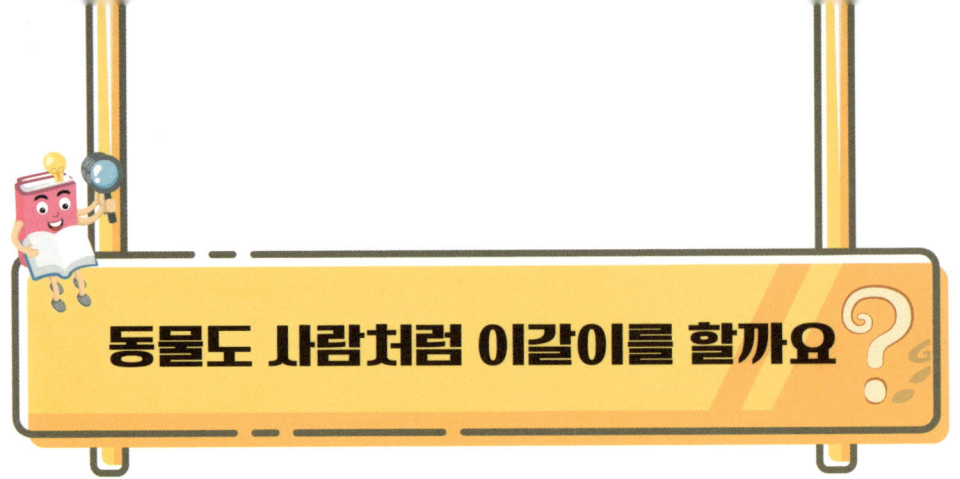

동물도 사람처럼 이갈이를 할까요?

　동물의 이빨은 일반적으로 젖니(유치)와 영구치로 나누어집니다. '이갈이'는 젖니가 빠지고 영구치가 새로 나오는 현상을 말합니다.

　포유류는 일생에 한 번 이갈이를 합니다.

　그러나 뱀과 같은 파충류나 그 밖의 물고기는 일생 동안 여러 번 이갈이를 합니다.

　동물의 이빨은 이촉(이의 뿌리)이 생기는 것과 생기지 않는 것이 있습니다.

사람의 이는 성인이 되면 이촉이 생깁니다. 이촉이 생기면 이빨은 더 이상 자라지 않습니다.

이에 비하여 쥐의 종류에는 이촉이 생기지 않는 것도 있습니다.

쥐들은 죽을 때까지 이빨이 계속 자라기 때문에 이들은 단단한 것을 갉아 댐으로써 이가 너무 크게 자라는 것을 막는다고 합니다.

말도 이촉이 생기지 않으므로 이빨이 차츰 닳아서 없어집니다. 그래서 말은 이빨의 상태에 따라서 나이를 알 수 있다고 합니다.

잉꼬는 왜 횃대를 갉아먹을까요?

잉꼬는 홰만이 아니라 자신의 둥우리 상자도 와삭와삭 갉아먹습니다.

잉꼬의 이러한 행동은 습관적인 버릇에서 나오는 경우도 있지만 알을 낳기 위한 준비를 할 때 많이 나타납니다.

갉아 놓은 나뭇개비는 집을 짓는 재료로 쓰기 위한 것이므로 그대로 놔두면 멀지 않아 알을 낳을 것입니다.

또한 칼슘이 부족할 때도 그런 행동을 하므로 항상 조개 껍데기나 비둘기의 똥을 흙에 섞어서 먹여야 합니다.

 잉꼬는 사람이 알을 만지거나 들여다보면 불안한 나머지 먹어버리기 때문에 항상 조심해야 하며, 새장을 옮기지 않는 것도 중요합니다.

 잉꼬는 고등 동물이므로 사람처럼 감기나 그 밖의 병에 걸리기도 합니다.

고양이는 왜 개다래나무를 좋아할까요

옛부터 '고양이에 개다래나무'라는 말이 있습니다. 개다래나무는 다래 종류에 속하는 덩굴나무인데, 고양이는 이 나무의 잎·줄기·열매를 무척 좋아합니다.

고양이가 식욕을 잃었을 때 개다래나무를 조금 섞어서 먹이면 식욕이 되살아난다고 합니다.

사자나 호랑이도 고양이과에 속하는 동물입니다. 이들 맹수들은 개다래나무에 어떻게 반응하는지 알아보기 위해 실험을 하였습니다.

　동물의 왕이라고 불리는 사자에게 개다래나무를 먹이자 곧 맥이 풀려 침을 흘리며 벌렁 드러누워 버렸다고 합니다.

　이러한 실험에 의해 사자나 호랑이 등 고양이 무리에 속하는 모두 동물은 개다래나무에 들어 있는 성분을 좋아한다는 사실을 보여 주고 있습니다.

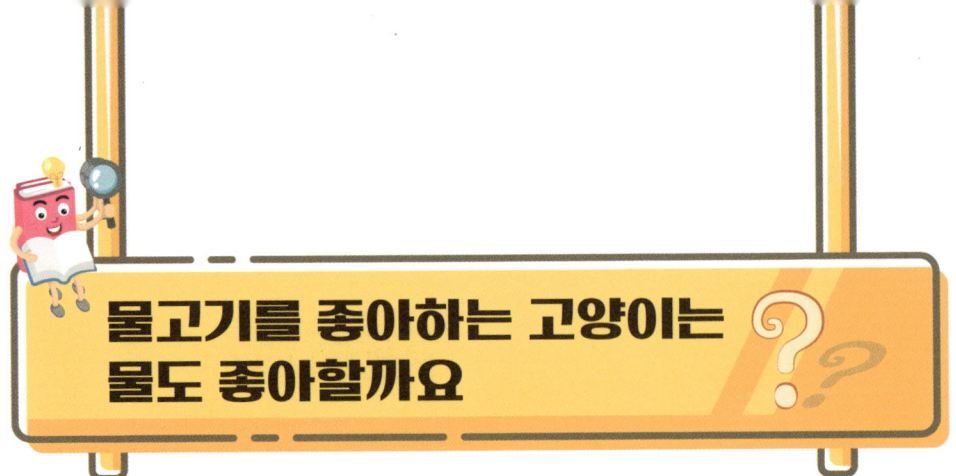

물고기를 좋아하는 고양이는 물도 좋아할까요

그렇지 않습니다.

고양이는 물에서 헤엄치는 것을 무척 싫어합니다. 단지 목마름을 없애기 위해 물을 마시는 것뿐입니다.

주로 숲 속에 사는 고양이는 사자나 호랑이와 같이 동물성 음식을 주로 먹는 육식 동물이기 때문에 물고기를 좋아하는 것입니다.

고양이는 물을 아주 싫어하므로 헤엄치거나 물 속에 깊이 들어가지 않아도 잡을 수 있는 물고기를 주로 잡아먹습니다.

따라서 고양이가 물을 싫어하는 것과 물고기를 좋아하는 것은 아무런 관계가 없습니다.

도마뱀의 꼬리를 자르면 어떻게 될까요

    꼬리가 잘리면 도마뱀의 몸통은 꼬리를 두고 도망갑니다. 그리고 꼬리는 잠시 동안 꿈틀거리며 살아 움직입니다.

    도마뱀이나 뱀은 파충류이고 개구리는 양서류로서 모두 척추동물이지만 그다지 진화된 무리들은 아닙니다.

    이러한 동물들은 몸의 각 기관이 아직 완전하지 않기 때문에 자율적인 부분, 특히 말단부인 꼬리나 다리의 근육은 뇌의 지배에서 많이 벗어나 있습니다.

또 이들 동물의 세포는 다시 자라나는 능력이 있기 때문에 쉽게 끊어집니다.

이것은 위험으로부터 도망치는 수단이고 자기 방어의 한 방법입니다. 도마뱀의 경우는 금세 꼬리가 다시 자라납니다.

닭은 어째서 모래나 유리를 먹어도 괜찮을까요

닭의 몸 속을 살펴보면 식도 다음에 '근위'라고 하는 부분이 있습니다. 근위는 근육이 발달하여 전체가 볼록 렌즈 모양으로 부풀어 있습니다.

이것을 잘라 보면 그 안에 작은 돌이나 모래, 사기 조각, 유리 등이 들어 있습니다. 이 때문에 근위를 '모래주머니'라고도 합니다.

이미 아는 바와 같이 새는 이빨이 없기 때문에 곡류나 열매 등을 먹으면 그대로 식도로 넘어가서 그 중간에 있는 모이주머니에 저장됩니다.

이 곳에서 먹이는 다시 조금씩 모래주머니로 들어가 먹이와 함께 섭취된 모래알이나 작은 돌에 의하여 잘게 부서져서 소화되기 쉽게 만들어집니다.

여기에 있는 작은 돌이나 모래는 바로 사람의 이와 같은 역할을 하고 있는 것입니다.

그 때문에 닭은 항상 모래나 유리 같은 것을 삼켜서 모래주머니에 담아 두고 있는 것입니다.

판다(팬더)는 왜 중국에만 살고 있을까요

사람들에게 많은 사랑을 받고 있는 판다는 중국의 사천성에 살고 있습니다.

사천성은 중국의 남서부에 있으며 산이 많은 지역으로, 판다는 이 곳의 대나무 숲을 중심으로 살고 있습니다.

우리가 일반적으로 알고 있는 검은색과 흰색이 섞여 있는 판다를 자이언트 판다라고 합니다.

중국에서는 판다를 큰고양이곰이라고 부르고 있으며, 몇 군데의 중요한 동물원에서만 기르고 있습니다.

　판다가 중국의 외진 곳, 그것도 한정된 지역에서만 살고 있는 이유는 이 지방에 있는 곰과의 조상에서 갈라졌기 때문인 것으로 생각되고 있습니다.

　더구나 다른 곰과는 너무나 다르게 분류되어 있어서 곰이라고도 할 수 없고 너구리라고도 할 수 없는 특이한 동물이 된 것입니다.

　지금도 판다의 정확한 동물학상의 위치는 알 수 없는데, 동물학자들은 자이언트 판다를 곰과로 분류하고 있습니다.

코뿔소의 뿔은 무엇으로 만들어져 있을까요

코뿔소는 아프리카와 아시아의 열대 지방에 살고 있으며 전부 다섯 종류가 있습니다.

아프리카에는 검은코뿔소와 흰코뿔소, 아시아에는 인도코뿔소, 자바코뿔소, 수마트라코뿔소가 살고 있습니다.

코뿔소의 종류는 뿔이 1개 있는 일각코뿔소와 2개 있는 이각코뿔소로 나누어집니다.

일각코뿔소에는 인도코뿔소와 자바코뿔소가 있으며 그 밖의 종류는 모두 이각코뿔소입니다.

그러면 이 뿔은 도대체 무엇으로 만들어져 있을까요?

뿔은 살갗 특히 털이 변하여 만들어진 것입니다. 따라서 골수(뼛속에 차 있는 붉은빛의 연한 조직)는 없습니다.

코뿔소의 뿔은 코끝에 붙어 있어 적과 싸울 때 무기로 사용됩니다. 커다란 몸집으로 상대방에게 돌진해서 몸을 부딪치거나 때때로 자동차를 뒤집는 일도 있습니다.

귀뚜라미가 아름다운 소리를 내는 비결은 무엇일까요

 방울벌레나 귀뚜라미 등 가을에 우는 벌레는 대부분 수컷입니다.

 수컷은 날개 뒤쪽에 이빨처럼 까칠까칠한 줄무늬가 있는데, 이것을 아랫날개의 바깥쪽에 붙어 있는 마찰 조각과 서로 비벼서 소리를 내는 것입니다.

 이 때 아랫날개의 마찰 조각 옆에 있는 얇은 막으로 소리를 크게 만듭니다.

또 날개를 올려 비빌 때에 생기는 날개와 배 사이의 공간도 울림 상자(울림에 의하여 소리를 크게하는 장치)의 역할을 해서 아름답고 커다란 소리를 내게 합니다.

바이올린과 비교해 보면 날개 뒤쪽의 줄무늬는 바이올린의 활과 비슷하며, 아랫날개의 마찰 조각은 현과, 얇은 막과 날개 밑의 울림 공간은 바이올린의 몸통과 비슷합니다.

이와같이 발음 장치의 모양이나 비벼 대는 속도의 차이 등으로 종류에 따라 제각기 독특한 소리를 내는 것입니다.

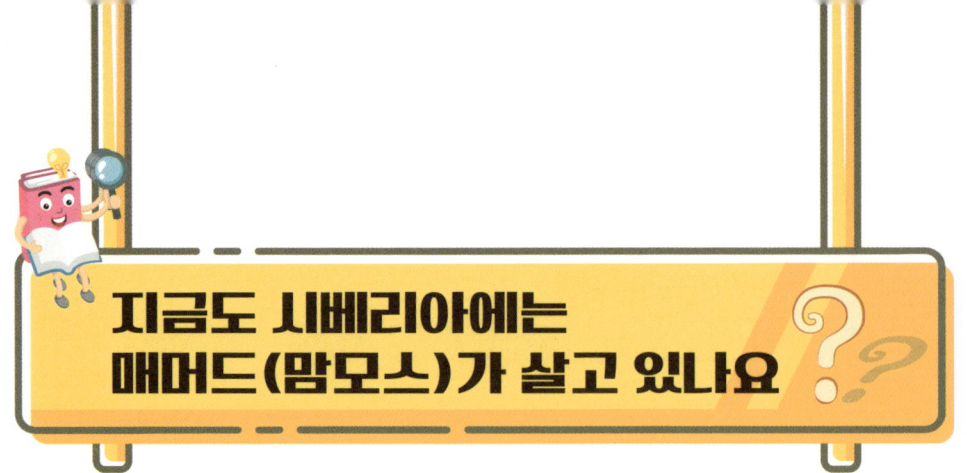

지금도 시베리아에는 매머드(맘모스)가 살고 있나요

매머드는 코끼리와 비슷하게 생긴 선사 시대의 동물로 지금으로부터 약 1만 년쯤 전에 아주 멸종하여 없어졌습니다.

그 때까지는 유럽과 아시아 대륙, 북아메리카 대륙에 살았으며 시베리아와 태평양 일대에서도 살았습니다.

매머드가 왜 아주 멸종해 버렸는지 그 이유는 아직 밝혀지지 않고 있습니다.

어떤 학자들은 사람들의 분별 없는 사냥 때문이라고 하며 또 다른 학자들은 기후의 갑작스러운 변화가 그 원인이라고 말합니다.

얼어붙은 시베리아 땅에서 어미와 새끼 매머드가 발견되었는데, 위 속에 있던 음식물이 그대로 남아 있었다고 합니다.

이 매머드는 1만 년도 더 된 것이라고 하는데 마치 어제 죽은 것처럼 생생했습니다.

그 이유는 여름에도 녹지 않고 얼어 있는 흙 속에 있었기 때문입니다.

쥐가 다니는 길목에 비누를 놓아두면 쥐는 과연 그것을 먹을까요, 안 먹을까요

 쥐는 식물에 대해 대단히 예민한 감각을 가지고 있으므로 그 식물의 좋고 나쁨이나 해로움을 구별할 수 있습니다.

 그들은 먹는 것과 새끼를 낳는 것이 생활의 전부이므로 먹이를 선택하는 일에 뛰어난 감각을 발휘합니다.

 비누를 먹는 것은 쥐가 좋아하는 물질이 비누에 들어 있기 때문입니다.

 비누를 만들 때에는 야자 기름과 같은 식물성 기름을 사용하는

데 쥐가 이런 것들을 좋아하기 때문인지도 모릅니다.

어떤 사람은 쥐가 비누를 갉아먹는 것을 보고 힌트를 얻어 쥐가 좋아하는 성분을 가려 내어 전매 특허를 받기도 했습니다.

쥐는 합성 세제는 먹지 않는데, 그 이유는 합성 세제는 화학적으로 합성한 것으로 식물성 물질이 들어 있지 않기 때문입니다.

또한 조금 핥아 본 뒤 위험한 독이 들어 있지는 않을까 하고 경계하기 때문이기도 합니다.

토끼에게 물을 먹이면 정말 죽을까요?

동물의 몸은 약 70퍼센트가 혈액을 포함한 체액, 즉 수분으로 구성되어 있습니다.

몸무게가 100킬로그램이나 나가는 씨름 선수인 경우도 그 중 70킬로그램 정도는 물이라고 생각하면 됩니다.

토끼도 몸무게의 약 70퍼센트 정도는 체액이므로 많은 양의 물을 필요로 할 것입니다.

특히 실험용 토끼를 기를 경우 고형 사료와 같은 수분이 전혀 없는 먹이를 먹이므로 이 때는 반드시 급수기를 달아 물을 공급해 줘야 합니다.

급수기로 토끼가 먹는 물의 양을 재 보면 실내 온도가 섭씨 20도 정도일 때 하루에 0.2~0.3리터를 먹습니다.

토끼에게 물을 먹이면 죽는다는 것은 터무니없는 말이며, 물을 너무 많이 먹이면 설사를 할 뿐입니다.

파리는 왜 더러운 똥에 앉을까요?

동물이 음식을 먹고 영양분을 취한 후에 밖으로 내보낸 찌꺼기를 똥이라고 합니다.

그러므로 똥 속에는 양분이 더 이상 남아 있지 않을 것 같지만, 몸집이 작은 곤충들이 자랄 만한 영양분은 충분히 남아 있습니다.

파리가 똥에 모여드는 첫번째 이유는 먹이를 구하기 위해서이며 또 한 가지 이유는 알을 낳기 위해서입니다.

그런데 집 안에 많은 집파리는 잡식성이라 똥에는 그다지 모여

들지 않고, 애벌레도 주로 부엌의 쓰레기나 두엄 등에서 자랍니다.

그렇기 때문에 화장실에 살충제를 뿌려도 파리는 줄어들지 않습니다.

이것에 비해 검정파리나 침파리, 금파리 등의 애벌레는 똥을 즐겨 먹으며 어른벌레도 알을 낳거나 먹이를 구하려고 똥에 잘 모여듭니다.

쉬파리는 똥에 잘 모여들기는 하나 똥으로 자라는 종류는 적고 대부분은 부엌의 쓰레기나 동물의 시체 등을 먹고 자랍니다.

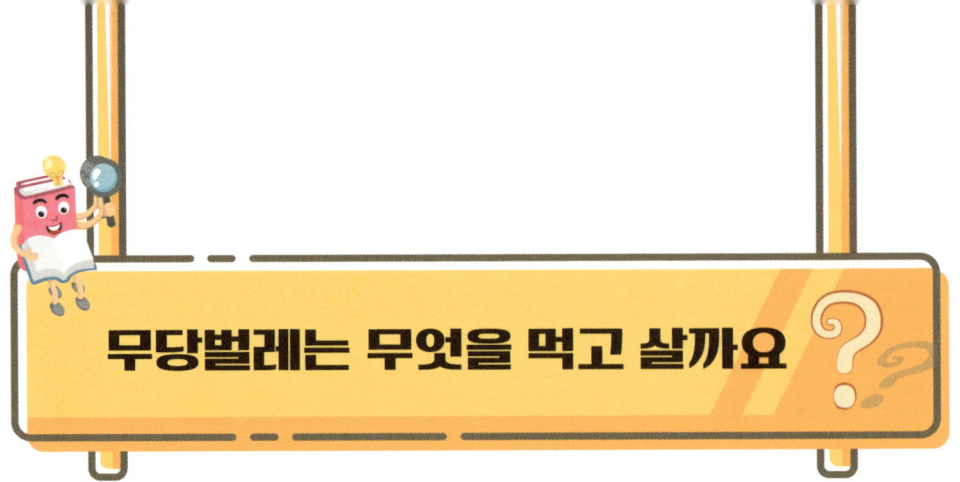

무당벌레는 무엇을 먹고 살까요

무당벌레에는 동물의 고기를 먹이로 하는 것과 풀을 먹이로 하는 것이 있습니다.

동물의 고기를 먹이로 하는 대표적인 것이 칠성무당벌레와 물결무당벌레인데 진디를 잡아먹는 매우 유익한 곤충입니다.

무당벌레를 기를 때에는 애벌레와 어른벌레 모두에게 진디가 많이 붙어 있는 식물을 넣어 줍니다. 또 종류에 따라서는 깍지벌레나 새벼룩의 애벌레 등을 먹는 것도 있습니다.

28점무당벌레와 큰28점무당벌레의 무리는 감자, 가지, 토마토 등 가지과 식물의 잎사귀를 먹는 해충입니다.

기를 때에는 이들 잎사귀를 주면 되지만 잎사귀를 구할 수 없을 때에는 감자나 가지를 잘라 주어도 됩니다.

고기를 먹는 것이든 풀을 먹는 것이든 다 자란 무당벌레는 설탕물을 탈지면에 흠뻑 적셔 주면 이것을 빨아먹고 얼마 동안은 살 수 있습니다.

금붕어의 암수는 어디로 구별할까요?

추운 겨울에 물 밑바닥에서 꼼짝하지 않던 금붕어도 물이 따뜻해지면 서서히 헤엄을 치기 시작합니다.

금붕어는 4월 하순에서 5월이 알을 낳는 시기이므로 추운 겨울이 지난 후인데도 이 무렵에는 비교적 통통한 몸집을 하고 있습니다.

4월 무렵 금붕어의 배 뒤쪽에 있는 항문을 잘 관찰하면 수컷과 암컷의 다른 점을 볼 수 있습니다.

즉 항문이 가늘고 긴 금붕어가 수컷이고 둥근 항문을 가지고 있는 것이 암컷입니다.

또한 가슴지느러미의 끝부분이나 아가미에 희고 단단한 혹이 붙어 있는 금붕어와 붙어 있지 않는 금붕어가 있는데, 흰 혹을 가진 것이 수컷이고 암컷에게서는 대개 혹이 보이지 않습니다.

수컷의 흰 혹은 알을 낳을 때 나타나는 기관으로 이것을 암컷에 문질러서 산란을 촉진시킵니다.

새는 왜 전깃줄에 앉아도 감전되지 않을까요

참새나 까마귀가 수만 볼트나 되는 고압선에 앉아 있다고 생각해 보세요. 정말 위험 천만한 일이 아닌가요?

그러나 새들은 쉽게 감전되는 일이 없습니다. 우리들은 이 전선에 슬쩍 스치기만 해도 즉시 감전되어 죽게 되는데 말입니다.

여러분도 잘 알고 있는 것처럼 전기에는 플러스(+)와 마이너스(-)가 있는데 이 두 전선이 통해져서 전구의 불이 켜지는 것입니다. 물론 플러스와 마이너스 전류가 통하는 전선이 몸에 직접 닿으면 감전 현상이 일어납니다.

그런데 새들은 둘 중에 한쪽에만 앉기 때문에 감전되지 않는 것입니다.

그러나 까마귀나 까치와 같은 새들이 전봇대에 둥지를 만들면 그 재료들로 합선을 일으켜 정전이 되기도 합니다.

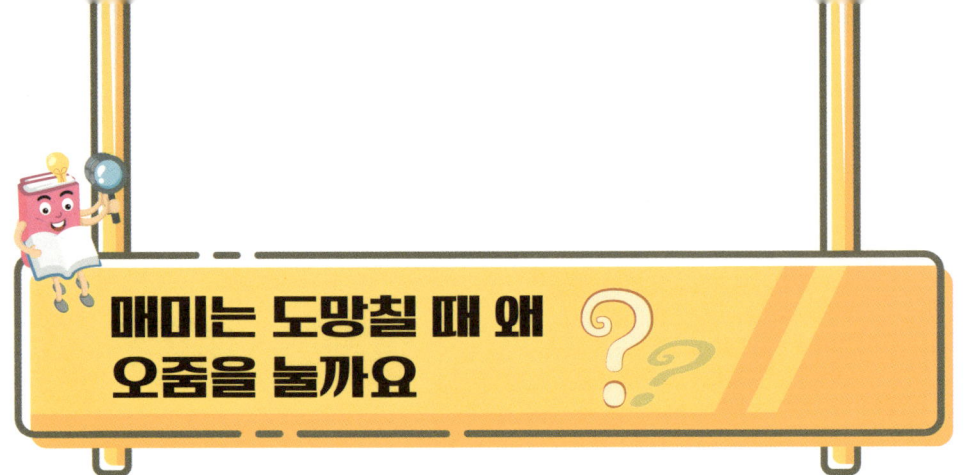
매미는 도망칠 때 왜 오줌을 눌까요

매미나 진디처럼 식물의 즙만으로 자라는 곤충은 대개 즙을 빨아먹고 소화 흡수한 뒤 몸을 건조하게 유지하기 위해 오줌이 아닌 밀랍을 끊임없이 배설합니다.

매미가 쫓겨 도망칠 때에는 그 충격으로 배설물이 잔뜩 쌓인 주머니가 오므라들어 갑자기 많은 양의 배설이 이루어집니다.

결국 매미는 무거운 배설물을 내보냄으로써 몸이 가벼워진

데다 몸에 비해서 날개가 작기 때문에 쉽게 날아 도망갈 수 있는 것입니다.

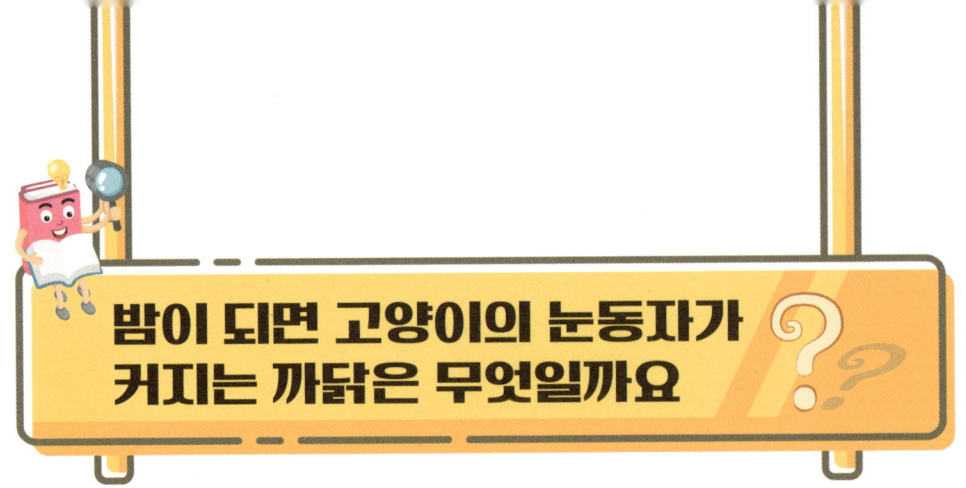
밤이 되면 고양이의 눈동자가 커지는 까닭은 무엇일까요

옛말에 '고양이 눈같이 자주 바뀐다'라는 말이 있습니다. 그만큼 고양이의 눈동자는 가늘게 되거나 크고 동그랗게 되면서 아주 잘 변합니다.

이러한 눈동자의 변화는 빛의 양을 적절히 맞추기 위해서이며, 이는 카메라의 조리개 역할을 하고 있는 것입니다.

만약 눈동자가 빛의 양을 조절하지 않으면 제일 깊숙한 곳에 있는 중요한 망막을 태워 버리게 됩니다. 햇빛이 강한 여름에 눈을 가늘게 뜨거나 선글라스를 쓰는 것도 이러한 것을 막기 위한 것이랍니다.

즉 고양이의 눈동자는 빛의 양이 많은 낮 동안은 아래위로 가늘게 되고, 밤이면 동그랗게 커져 눈으로 좀더 많은 빛이 들어오게 하는 것입니다.

고래는 발이 있을까요, 없을까요?

고래는 어류가 아니고 포유 동물입니다. 포유류에는 다음과 같은 특징이 있습니다.

① 목뼈가 7개 있다.

② 손가락뼈가 5개 있다.

③ 몸에 털을 지녔다.

④ 새끼를 낳고 일정 기간 젖으로 새끼를 기른다.

⑤ 체온을 일정하게 유지하고 있다.

물 속에서 생활하는 고래도 이와 같은 성질을 가지고 있으므로 포유 동물이라고 말할 수 있습니다.

앞발은 수중에서의 생활과 헤엄치는 데에 적합한 지느러미로 변했으며, 뒷발은 퇴화해서 겉에서는 볼 수 없습니다.

하지만 어미의 몸 속에서 자라는 새끼를 관찰해 보면 뒷발을 볼 수 있는 시기가 있으며 앞발인 지느러미에는 5개의 뼈가 있습니다.

그러나 고래는 열을 차단할 수 있는 털이 없고 머리 위에 강모가 몇 개 나 있을 뿐입니다. 대신 피부 밑에 지방층이 있어서 몸을 따뜻하게 유지할 수 있습니다.

이와같이 고래는 물 속 생활에 적합한 몸 구조로 되어 있지만 앞발이나 뒷발이 있었던 흔적은 찾아볼 수 있습니다.

개구리는 아무것도 먹지 않고 어떻게 겨울을 날까요

개구리나 도마뱀, 뱀과 같은 양서류나 파충류 등은 봄이 되면 긴 겨울잠에서 깨어나 땅 위에서의 활동을 시작합니다.

양력으로 3월 6일은 24절기 중 세 번째 절기인 경칩입니다.

이 무렵이 되면 날씨가 따뜻해서 풀과 나무에 새싹이 돋고, 겨울잠을 자던 동물들이 땅속에서 잠을 깨어 꿈틀거리기 시작한다는 뜻에서 '경칩'이라는 이름이 붙여진 것입니다.

변온 동물(외부의 온도 변화에 따라서 체온이 변화하는 동물로 어류, 양서류, 파충류가 포함된다)의 체온은 기온에 따라 달라지므로 날씨가 추워지면 체온도 내려갑니다.

체온이 내려가면 동물은 활동할 수 없게 되고 지나치게 추울 때는 얼어죽습니다.

변온 동물은 아니지만 사람도 체온이 섭씨 25도 이하로 내려가면 죽게 됩니다.

이것을 막기 위해 겨울이 되면 개구리는 땅속으로 기어 들어가 몸의 모든 작용을 멈추고 죽은 듯이 잠을 자며 추위를 피합니다. 그리고 봄이 되어 기온이 올라가면 다시 활동을 시작하는 것입니다.

개구리 등이 겨울잠을 자는 것과는 달리, 곰이나 박쥐 등의 정온 동물(외부의 온도에 관계없이 항상 일정한 체온을 유지하는 동물)이 겨우내 따뜻한 장소에서 활동하면서 봄을 기다리는 것을 '월동'이라고 합니다.

식물 이야기

나무는 끝없이 자랄까요

일반적으로 나무의 높이와 수명은 종류에 따라 대강 정해져 있습니다.

나무의 수명이 다하는 이유는 분명하지 않지만, 나무줄기 속이 낡아짐에 따라 점차 살 수 없게 되는 것 같습니다.

또한 나이를 먹을수록 성장이 더디어지므로 나무의 높이도 끝없이 자랄 수는 없습니다.

현재 세계에서 가장 키가 큰 나무는 미국 서부의 '세쿼이아'

라는 나무로 85미터가 넘습니다.

그리고 가장 오래 된 나무는 미국 서부의 강털소나무로 4천 년쯤 살았을 것으로 추정되며, 우리 나라 경기도 용문사에 있는 은행나무는 1200년쯤 된 것으로 알려져 있습니다.

반면에 풀은 겨울에는 마르지만 대부분 땅속에 줄기가 살아 있기 때문에 봄이 되면 또 싹이 나옵니다.

이처럼 풀은 오래 된 부분부터 마르지만 항상 새롭게 자라고 있으므로 거의 무한한 수명을 가졌다고 할 수 있습니다.

싹은 씨앗의 단단한 껍데기를 어떻게 뚫고 나올까요

씨앗에서 싹이 틀 때 생기는 힘은 무척 커서 유리병 속에 많은 씨를 넣어 싹을 틔우면 병이 깨질 정도입니다.

이 힘은 주로 물을 빨아들여 부풀어오르기 때문에 생기는 것이지만, 생물의 몸은 갖가지 성분으로 만들어진데다 싹이 틀 때에는 여러 가지 현상이 얽혀 일어납니다.

그러므로 흙이나 스펀지가 물을 빨아들여 부풀어오르는 것과 같은 현상은 아닙니다.

씨의 껍데기는 말라 있을 때에는 아주 단단한 것이지만 물을 흡수하면 배가 부풀어올라 씨껍질이 갈라지고, 싹이 틀 때에는 훨씬 부드러워져서 싹이 뚫고 나오기 쉽게 됩니다.

과일의 씨 속에서도 싹이 돋아날까요

아주 재미있는 문제죠? 하지만 답은 그렇게 간단한 것이 아닙니다.

여러 가지 원인에 의해 과일의 씨에서는 싹이 트는 것이 매우 어렵습니다. 과일도 쉬지 않고 숨을 쉬기는 하지만 그 속의 산소가 싹이 틀 만큼 충분하지는 않기 때문입니다.

감, 포도, 밤 등의 씨는 잠시 동안 낮은 온도에 놓아두었던 것이 아니면 싹이 트지 않습니다.

또 씨가 익을 때까지 많은 시간이 걸리는 것도 있습니다.

덜 익은 매실에 청산이 많다는 것은 옛부터 잘 알려진 사실입니다.

매실뿐만 아니라 덜 익은 과일이나 씨앗에는 대부분 많은 청산이 들어 있습니다.

청산은 식물이 숨쉬는 것을 방해하므로 싹이 돋는 것을 막습니다.

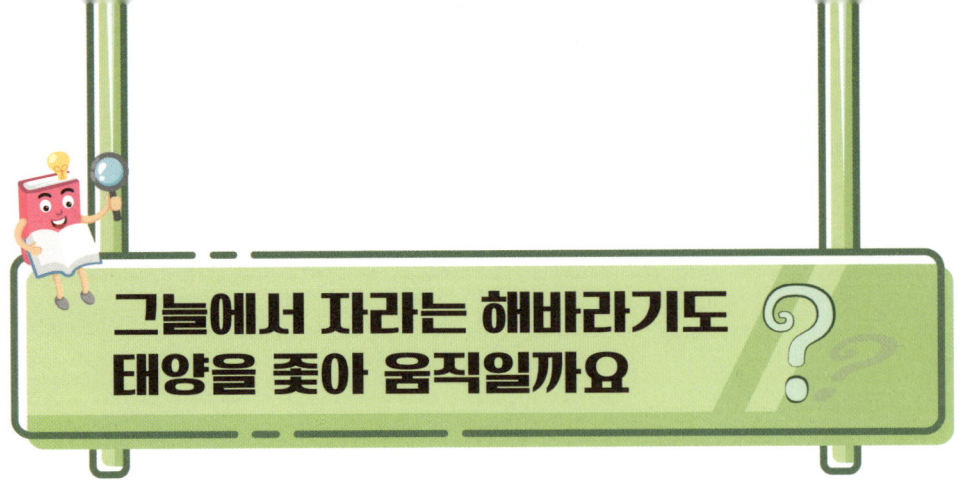

그늘에서 자라는 해바라기도 태양을 좇아 움직일까요

흔히 해바라기는 하루 종일 태양을 따라 돈다는 말을 합니다. 그러나 이것은 모두 옳은 말은 아닙니다.

해바라기는 꽃이 피기 전 꽃봉오리 시기에만 태양을 따라서 돌고 일단 꽃이 핀 후에는 남쪽을 향하게 됩니다.

대부분의 식물은 태양을 무척 좋아해서 그 쪽을 쳐다보는 성질을 지니고 있습니다.

꽃이 피기 전에 그늘에서 자라는 해바라기는 태양의 얼굴을 조금밖에 볼 수 없기 때문에 더욱더 빛이 그리워 빛이 오는 방향으로 돌게 되는 것입니다.

보리는 왜 밟을수록 잘 자랄까요?

요즘은 잘 볼 수 없으나, 옛날에는 겨울에 보리밭에서 보리밟기하는 농부들의 모습을 많이 볼 수 있었습니다.

우리 나라의 흙은 늦가을이나 겨울에 서릿발이 생기기 쉽습니다. 이 때 보리의 뿌리가 떠서 마르게 되면 죽기 때문에 밟아 주는 것입니다.

서릿발 때문에 떠오른 뿌리를 발로 밟아 흙을 단단하게 해 주면 뿌리가 튼튼하게 됩니다.

보통은 흙을 밟아 단단히 하면 식물의 성장에 좋지 않습니다.

부드러운 흙에는 뿌리를 쉽게 내릴 수 있지만, 단단한 흙에는 산소가 잘 들어갈 수 없으므로 숨쉬는 것이 힘들기 때문입니다.

그러므로 일 년 내내 사람들이 밟고 다니는 길에는 풀이 나지 않으며, 질경이처럼 생명력이 강한 것만 자라는 것입니다.

나팔꽃의 가늘고 흰 털은 어떤 역할을 할까요

많은 종류의 식물에 털이 나 있는 것을 볼 수 있는데, 식물에 따라 털이 나 있는 부분은 각각 다릅니다.

이것은 눈으로 쉽게 구별할 수 있는 성질이므로 식물의 종류를 설명할 때 흔히 '어디에 털이 있다'라고 씌어 있는 것을 볼 수 있습니다.

여러분이 대머리 선생님을 쉽게 구별할 수 있는 것과 비슷한 것입니다.

그럼 털이 식물 스스로에게 어떤 도움을 주고 있는지 한번 잘 살펴보세요.

식물의 털도 동물의 털과 마찬가지로 상처를 입지 않게 도와 준다든지 물이 튀어도 젖지 않게 하는 등의 역할을 하고 있습니다.

여러분은 때때로 짐승이나 새가 풀을 먹을 때 털이 있는 것을 좋아하지 않는 모습을 볼 수 있을 것입니다.

에이~ 내가 제일 싫어하는 털있는 풀이잖아.

화분 둘레에 계란 껍질을 놓는 이유는 무엇일까요

이런 방법은 예로부터 널리 쓰여져 왔는데, 처음부터 그 효과를 생각하여 사용한 것은 아닙니다.

조개 껍데기로 화분을 장식하듯 우연히 한 번 사용해 본 결과 예상 외로 좋은 효과를 거둔 것 같습니다.

그럼 화분에 계란 껍질을 놓았을 때 화초가 잘 자라는 이유는 무엇일까요?

그것은 다음과 같은 두 가지 이유를 들 수 있을 것입니다.

첫번째 이유는 계란 껍질에 남아 있는 흰자위가 미생물에 의해 서서히 분해되어 질소 비료로 되는 것입니다.

성장이 느린 식물은 지나치게 영양이 많으면 오히려 성장에 좋지 않은 영향을 주므로, 계란 껍질은 양분을 조금씩 서서히 얻을 수 있게 하는 데 아주 알맞은 비료인 것입니다.

또 하나는 대개의 식물은 흙이 지나치게 산성화 되는 것을 싫어합니다.

그런데 계란 껍질의 성분인 탄산칼슘은 흙이 강한 산성이 되지 못하게 중화하는 작용을 하므로 화초가 잘 자라게 되는 것입니다.

송이버섯은 왜 재배할 수 없을까요?

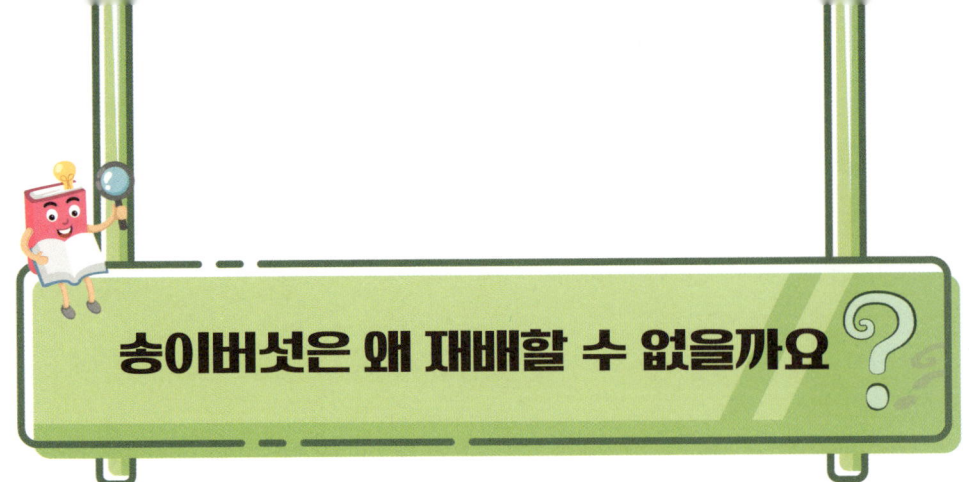

송이버섯은 보통 때는 곰팡이와 같이 균사라고 하는 모양으로 생활하고 있습니다. 이것이 적당한 환경을 만나면 버섯의 모양을 만들게 됩니다.

송이버섯의 균사는 소나무의 뿌리가 있는 곳이라면 어디에서든지 자랍니다.

송이의 세포(포자)가 소나무의 뿌리털에 기생하여 새로운 뿌리털이 생길 때 버섯이 자랄 수 있는 뿌리(균근)가 만들어집니다.

그러나 송이버섯은 소나무가 있는 곳이라고 해서 반드시 자라는 것은 아닙니다. 흙의 성분을 비롯하여 여러 가지 일정한 조건이 갖추어져야 하는 것입니다.

이러한 조건이 잘 맞아떨어지기가 쉽지 않기 때문에 송이버섯을 재배한다는 것은 매우 어려운 일입니다.

간혹 재배에 성공했다는 방송이 나오기도 했으나 이미 돋아 나온 상태의 것을 다른 나무에 옮기는 정도일 뿐 완전히 재배한 것은 아닙니다.

사실은 이미 돋아 나온 상태의 것을 다른 나무에 옮기는 것조차도 대단히 어려운 일입니다.

잡초는 어떻게 구분할까요?

바라지 않는 장소에 인간이 심지 않아도 저절로 나서 자라는 여러 가지 식물을 통틀어 잡초라고 합니다.

잡초는 식물이나 식물학에 있어서는 전혀 의미가 없는 말입니다.

잡초는 대부분 농작물이 자라는 데 필요한 햇빛과 물, 흙 속의 양분을 빼앗아 농작물의 양과 질을 떨어뜨립니다.

또한 근처에서 자라는 농작물에 해를 입히는 병해충의 서식지가 되기도 합니다.

원예 식물은 대개 열매가 많이 열리거나 커다란 꽃을 피우는 '기형아'이므로 살아가는 힘이 아주 약합니다.

그래서 근처에 힘이 센 다른 식물이 자라나면 금방 죽기 때문에 수시로 밭이나 뜰에 자라는 잡초를 뽑아 주어야 합니다.

그러나 넓은 면적에 한 종류의 식물만 있으면 잘 자라지 못할 것입니다.

자연은 서로 다른 여러 식물이 어느 정도 섞여 공생하도록 이루어져 있기 때문입니다.

고산 식물은 어느 정도의 높이에서 자라는 식물을 말할까요

산의 높은 곳은 기온이 낮고 낮과 밤의 기온 차가 크며, 햇빛이 강하게 비치고 바람이 아주 세게 붑니다.

이런 곳에서 자라는 식물을 고산 식물이라고 하는데, 꽃은 땅 위 식물에 비해 크고 색이 선명하며, 여러 종류의 식물이 거의 같은 때에 꽃을 피우므로 개화기에 장관을 이루기도 합니다.

고산 식물은 원래 낮은 온도나 강한 바람에 견딜 수 있는 조건을 타고났기 때문에 다른 식물이 살 수 없는 장소에서도 잘 자랄 수 있는 것입니다.

또한 그 성질이 완전히 몸에 배어 대개 평지에서는 잘 자라지 못합니다.

고산 식물은 고도의 차이보다는 기후 조건에 많은 영향을 받기 때문에 보통 다른 식물들이 잘 자라는 곳이라고 해서 고산 식물이 잘 자라는 것은 아닙니다.

우리 나라의 고산 식물은 대략 2,000~2,300미터 이상의 높은 곳에서 자라고 있습니다.

꽃의 향기는 어디에서 날까요?

모든 식물은 많은 종류의 물질이 화합해서 이루어져 있으므로 어떤 냄새가 난다고 해서 특별히 이상할 것은 없습니다.

꽃의 경우도 그야말로 천차만별이어서 꽃가루에서 냄새가 나는 것, 꽃잎 냄새가 강한 것 등 여러 가지가 있습니다.

이러한 것들을 전부 연구하려고 하면 아주 많은 재료와 시간이 필요합니다.

현재 정체가 밝혀져 있는 꽃의 향기는 향수를 만드는 데 쓰이는 장미꽃을 비롯하여 몇 안 되는 종류뿐입니다.

지금까지의 연구 결과로는 냄새는 그저 내뿜는 것일 뿐이며, 그것이 특별히 어떤 쓸모가 있기 때문은 아닌 것 같습니다.

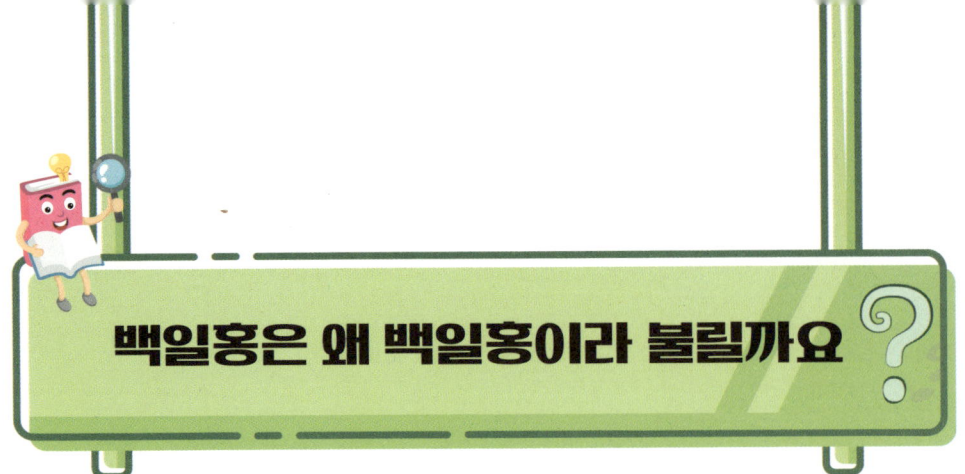

백일홍은 왜 백일홍이라 불릴까요?

백일홍은 꽃이 피어 있는 시기가 길어 백 일이나 계속 피어 있다고 해서 그렇게 이름이 붙여진 것입니다.

멕시코가 원산지인 백일홍은 꼭 백 일 동안만 피어 있는 것은 아닙니다. 꽃이 자라는 조건에 따라 50일, 혹은 120일일 때도 있습니다.

이렇게 오랫동안 꽃이 피어 있는 것이 백일홍뿐만은 아닙니다.

우리 나라의 야생 식물은 꽃이 한꺼번에 피고 금세 져 버리는 것이 많지만, 온도가 높은 지방의 식물은 꽃이 피어 있는 기간이 긴 것이 많습니다.

　원예 식물 중에는 되도록이면 오랫동안 꽃을 볼 수 있도록 개량한 것이 많습니다.

식물은 겨울이 되면 왜 잎사귀를 모두 떨어뜨릴까요

사람은 1년 사계절 동안 거의 비슷비슷한 하루하루의 생활을 하고 있지만, 자연계에 분포하는 다른 생물은 그렇지 않습니다.

대부분의 생물은 자기에게 편리한 조건일 때에만 활발히 활동하고 그 외는 죽은 듯이 잠을 자면서 지냅니다.

미생물 같은 종류는 활동하고 있을 때와 잠들어 있을 때의 숨 쉬는 강도가 몇 십만 배나 차이가 날 때도 있습니다.

식물들은 예상 외로 오랜 시간 동안 잠을 자면서 지내는데, 우리 나라와 같은 온대에서는 1년의 반 가량이 이 기간에 속합니다.

이렇게 잠을 자는 기간 동안 여러 가지의 생리 작용이 왕성한 잎사귀는 저장하고 있는 영양을 빨리 쓰게 되고, 추운 날씨와 같은 나쁜 조건을 견디기 어렵기 때문에 잎사귀가 모두 떨어져 버리는 것입니다.

아무튼 온도가 빨리 내려가는 지방일수록 잎사귀를 떨어뜨리는 식물이 많아집니다.

씨감자를 자른 후에 왜 재를 바를까요

　감자를 통째로 심게 되면 너무 많은 씨감자로 소모해야 하기 때문에 경제적이지 못합니다. 또한 통째로 심는다고 해서 수확량이 더 늘어나는 것도 아니므로 작게 잘라서 심는 것입니다.

　이러한 경우 수분을 잃거나 미생물이 번식해서 썩는 것을 막기 위해 감자를 자른 자리에 재를 바르는 것입니다.

　감자의 잘린 부위를 되도록 작게 하는 것도 이 두 가지 이유 때문입니다.

재 속에는 주재료에 따라 각기 다른 여러 가지 성분이 들어 있어 감자가 자라는 데 아주 좋은 영양분이 되어 주기도 합니다.

곰팡이는 청소부

　생물의 몸은 아주 많은 성분으로 이루어져 있습니다. 그런데 그 중에는 그냥 내버려두면 썩지 않는 성분도 많이 있습니다.

　그러한 것들은 세균이나 곰팡이와 같은 미생물이 열심히 먹어서 분해해 주지 않으면 지구는 얼마 못 가 생물의 시체로 뒤덮이게 될 것입니다.

　겨울이면 숲 속에 수북이 쌓여 있던 낙엽을 여름에는 볼 수 없게 되는 것도 바로 이 미생물의 활동 때문입니다.

게다가 식물이 자라는 데 필요한 갖가지 영양분은 물에 녹아야 만 식물이 받아들일 수 있습니다.

이 과정을 바로 미생물인 곰팡이가 도와 주는 것입니다.

만약 미생물이 시체를 분해해서 그 성분을 식물이 이용할 수 있는 모양으로 만들어 주지 않으면 식물이 자라는 것도 어려울 뿐만 아니라, 그것을 먹는 동물도 살아갈 수 없게 됩니다.

미생물이라고 해서 모두 이로운 것만 있는 것이 아니라 병원균과 같이 나쁜 영향을 주는 것도 있습니다.

곰팡이는 생활 조건이 맞으면 활동이 매우 활발하지만 무엇이든 먹을 수 있는 것은 아닙니다. 또한 산소가 없으면 거의 활동하지 못합니다.

우리 몸 이야기

충치가 생기면 왜 배와 머리도 아플까요

충치(벌레 먹어 상한 이)라고 해서 실제로 이에 벌레가 있는 것은 아닙니다. 세균이 이의 더러운 곳에 살게 되어 단단한 이를 상하게 하거나 그 상한 이를 말하는 것입니다.

충치가 생기면 자연히 이가 아프고 뺨이 부어 오르게 됩니다. 특히 위턱은 머리 바로 밑에 있는 부분이므로 뺨이 부어 오를 정도면 머리가 아프게 되는 것은 당연한 일입니다.

게다가 이가 아프면 음식물을 충분히 씹을 수도 없으므로 뱃속의 상태가 나빠져서 배가 아프게 되는 것입니다.

충치가 더욱 심해져서 잇몸이나 이뿌리까지 나빠지면 거기에 고인 고름이나 세균 등이 혈관에 들어가서 온몸을 돌아다닐 수도 있습니다.

이런 상태가 심해지면 몸의 중심부인 심장에 병을 일으키거나 높은 열을 내기도 합니다.

즉 충치 하나로 인해 온몸에 병을 가져오는 결과가 되는 것입니다.

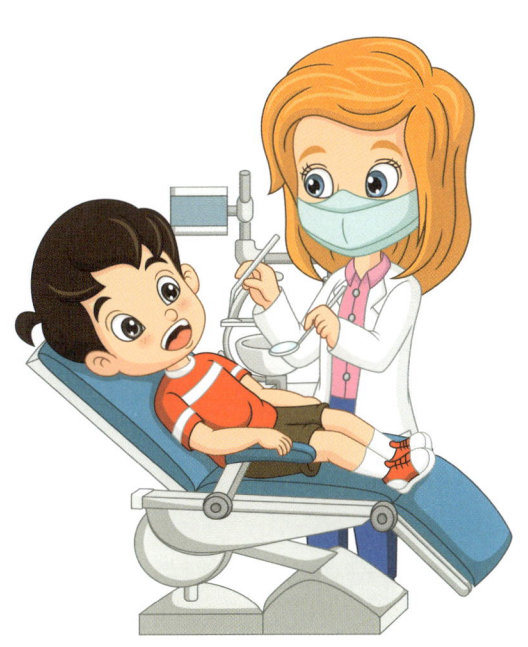

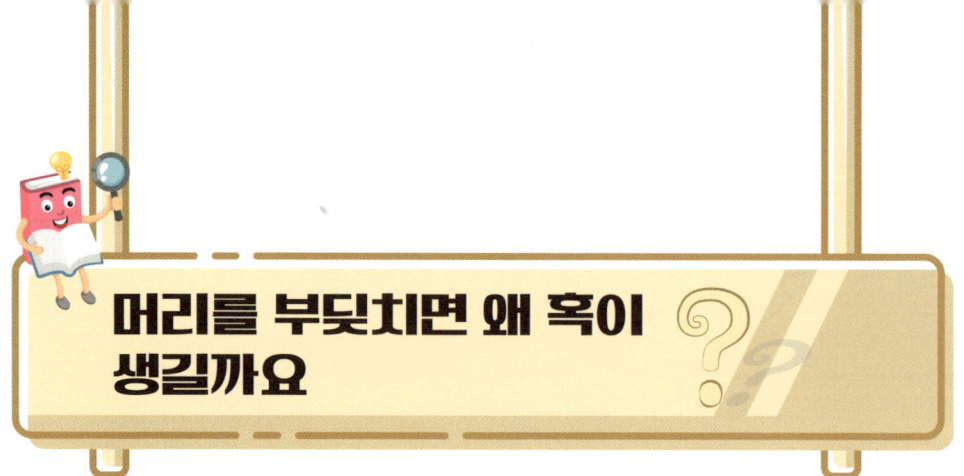

머리를 부딪치면 왜 혹이 생길까요

'딱' 하고 얻어맞았을 때 혹이 생기는 곳은 대부분 머리입니다. 엉덩이를 맞아 혹이 생겼다는 이야기를 들어 본 적이 있나요?

주먹으로 머리를 가볍게 때려 보세요. 딱딱한 머리뼈를 느낄 수 있을 겁니다.

엉덩이는 어떨까요? 그저 물컹거리기만 할 뿐 아무런 아픔도 느끼지 못할 것입니다.

살갗의 바로 밑에 딱딱한 뼈가 있는 부분은 밖으로부터 강한 힘이 작용하면 그 사이에 있는 혈관이 터지는 수가 있습니다. 이때 터진 혈관에서 새어 나온 혈액이 혹이 되는 것입니다.

그러나 터진 혈관은 곧 몸의 작용으로 저절로 막히고 새어 나온 혈액도 흡수되어 얼마 후에는 혹이 없어지게 됩니다.

그런데 만일 머리를 잘못 맞거나 하면 머리뼈 속에 있는 뇌에까지 영향을 미쳐 안 좋은 일이 일어날 수도 있으므로 주의해야 합니다.

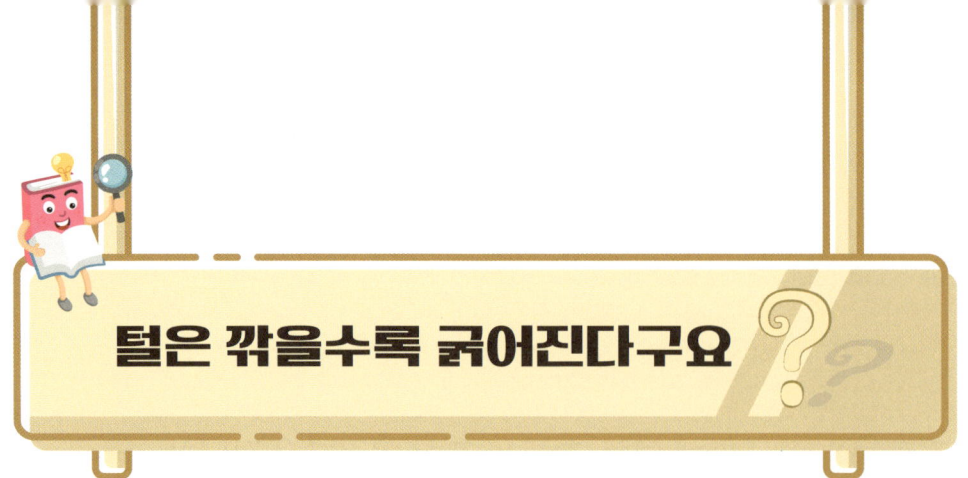

털은 깎을수록 굵어진다구요

모두들 다 잘 알고 있는 이 이야기는 사실은 완전히 틀린 이야기입니다.

만약 털을 깎으면 깎을수록 억세고 굵어진다면 지금쯤 아빠의 수염은 철사로 만든 솔처럼 딱딱해져야 하는데, 지금 가서 얼굴을 대어 봐도 전과 똑같이 까칠까칠할 것입니다.

그럼 어째서 우리가 잘못 알고 있는지 한번 생각해 보기로 해요.

우선 털구멍에서 저절로 나게 되는 털은 그 끝이 가늘고 뾰족합니다. 그러나 자라나면서 점점 굵어지고 일정한 지름을 갖게 됩니다.

만약 그것을 깎아 버리면 어떻게 될까요?

털은 매일 0.3밀리미터 정도씩 자라고 있으므로 잘린 털은 얼마 후면 베인 넓이만큼 자라 있을 겁니다.

그런데 갑자기 굵은 털이 우르르 자라기 때문에 우리 눈에는 마치 굵고 짙어진 것처럼 보이는 것입니다.

재채기나 기침은 왜 나올까요?

매운 후추 냄새를 들이마시면 반드시 재채기가 나지요?

그 이유는 호흡을 하는 중요한 기관에 이상한 물질이 들어오면 호흡이 잘 이루어지지 않으므로 그 물질을 몸 밖으로 내보내기 위한 몸의 자연스러운 작용 때문입니다.

담배 연기가 자욱한 방 안에 있으면 기침이 나오는 이유도 마찬가지입니다.

담배 연기가 폐로 들어가서 호흡 작용을 방해할까 봐 그것을 서둘러 내보내려는 작용이 저절로 일어나기 때문인 것입니다.

그런데 감기에 걸리면 기침이나 재채기가 더 심해집니다.

이것은 호흡하는 장치가 바이러스나 세균의 침입을 받아 콧속이 간질간질한데다 콧물이나 가래가 많이 나오므로 그것을 몸 밖으로 내보내기 위한 작용 때문입니다.

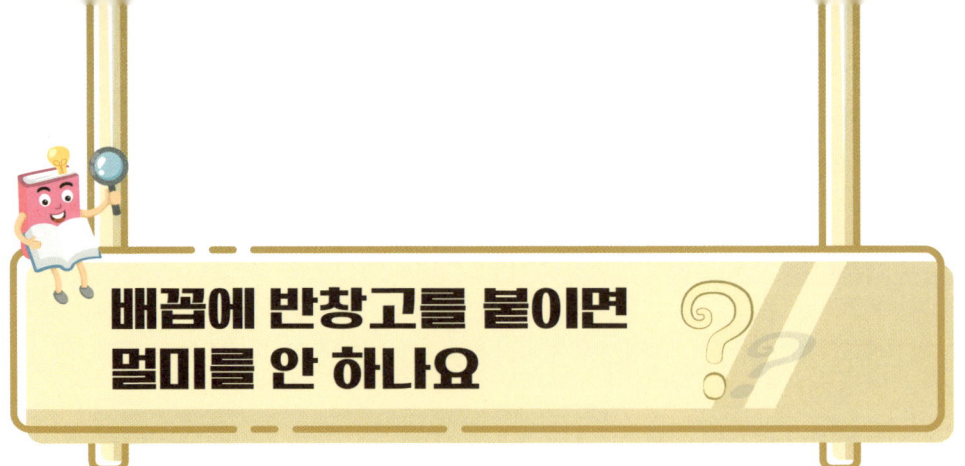

배꼽에 반창고를 붙이면 멀미를 안 하나요

차멀미를 하는 것은 정말 속상한 일입니다. 모두들 즐겁게 여행하고 있을 때 혼자서만 창백한 얼굴이 되어 매스꺼움을 참고 있어야 하기 때문입니다. 어쩌면 처음부터 여행을 단념해야 하는 경우도 있겠지요.

사실 차멀미의 원인은 여러분들의 귀 구조에 있습니다.

귀는 소리를 듣는 역할만 하는 것이 아닙니다. 그 안쪽에는 여러분들이 움직였다, 멈추었다, 기울었다, 돌았다 하는 행동을 할 때 신체 균형을 잡기 위한 복잡한 장치(반고리관 혹은 삼반규관이라고 하는데, 척추 동물의 속귀에 있으며 몸의 평형과 위치를 깨닫는다)가 붙어 있습니다.

그 장치가 자동차가 출발하거나 정지하는 등의 움직임으로 너무 강하게 자극을 받게 되면 멀미가 나는 것입니다.

또한 가솔린이나 배기 가스의 냄새를 맡거나, '멀미하면 어떡하지' 하고 걱정을 하면 더욱 심하게 멀미를 하게 됩니다.

옛날부터 차멀미 예방에는 '배꼽에 반창고를 붙이면 좋다'라는 말이 있습니다.

아마 그것은 그렇게 함으로써 조금이나마 마음의 위안을 주기 위한 생활의 지혜에서 나온 것이라고 생각됩니다.

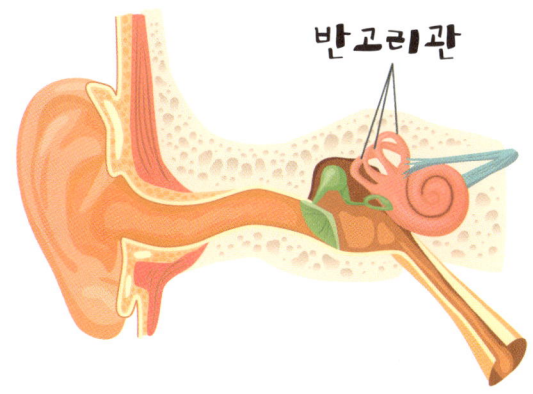

피는 빨간색인데 왜 혈관은 초록색일까요

여러분은 피부를 통해 보이는 혈관이 거의 초록색에 가깝다는 걸 알 수 있지요?

그런데 상처를 입었을 때 몸 밖으로 흘러나오는 피를 보면 붉은색을 띠는데, 그 이유는 무엇일까요?

우선 적혈구가 산소와 결합하면 붉은색을 띠게 됩니다. 따라서 상처 난 부위에서 나오는 피는 공기 중의 산소 때문에 선홍색으로 보이는 것입니다.

많은 가지로 나뉘어 퍼져 있는 혈관은 몸 속에 있는 여러 가지 혈관 중에서도 정맥이라는 것입니다.

정맥은 우리 몸의 구석구석까지 산소나 영양분을 나르는 피가 일을 마치고 심장 쪽으로 되돌아가는 통로입니다.

정맥을 흐르는 피는 원래 약간 검은색을 띠고 있는데 두꺼운 피부를 통해 보면 푸르스름하게 보입니다. 왜냐하면 우리 몸의 살갗이 크림색을 띠고 있기 때문입니다.

이와같이 두 가지의 색깔이 섞여서 보이기 때문에 혈관은 빨간색이 아닌 초록색으로 보이는 것입니다.

그러나 피부가 얇은 곳의 혈관은 붉게 보입니다. 여러분의 뺨이 붉게 보이는 것처럼 말입니다.

추워지면 살갗이 오톨도톨해지는 까닭은 무엇일까요

사람의 몸은 온통 털로 뒤덮여 있습니다. 가장 눈에 잘 띄는 머리털뿐만 아니라, 자세히 살펴보면 팔이나 가슴에도 잔잔한 솜털이 나 있습니다.

이렇게 가느다란 솜털 하나하나가 박혀 있는 피부 속에는 작은 근육이 붙어 있는데, 이것은 위나 장의 벽을 이루는 것과 같은 민무늬근으로 우리들이 자유로이 움직일 수는 없습니다.

그러나 추위를 느끼면 이 민무늬근이 오그라듭니다. 그러면 솜털 하나하나가 쭈뼛 서게 되어 피부가 좁쌀처럼 오톨도톨해지는 것입니다.

또한 추위를 느끼면 피부에 있는 혈관을 좁혀서 피부의 표면을 흐르는 혈액의 양을 줄여 몸의 열이 몸 밖으로 빠져 나가는 것을 막아 줍니다.

추울 때뿐만 아니라 무서운 이야기를 듣거나 해서 공포를 느낄 때에도 온몸에 소름이 돋아 피부가 오톨도톨해집니다.

모기에 물리면 왜 가려울까요

　모기의 암컷 중에서도 몇몇 종류의 암컷만이 사람과 동물을 뭅니다.

　모기의 입 중심부에 '침돌기'라고 하는 6개의 바늘이 있는데, 이것으로 피부를 깊숙이 찔러 침을 흘려보냅니다.

　모기의 침은 피의 응고를 막기 때문에 모기는 쉽게 피를 빨 수 있으며, 사람의 피부는 이 침에 알레르기를 일으키기 때문에 모기에 물리면 퉁퉁 붓고 가려운 것입니다.

그런데 모기는 어른보다 어린아이를 잘 무는 성질이 있기 때문에 같은 방에서 잠을 자더라도 어른보다 어린이들이 많이 물리게 됩니다.

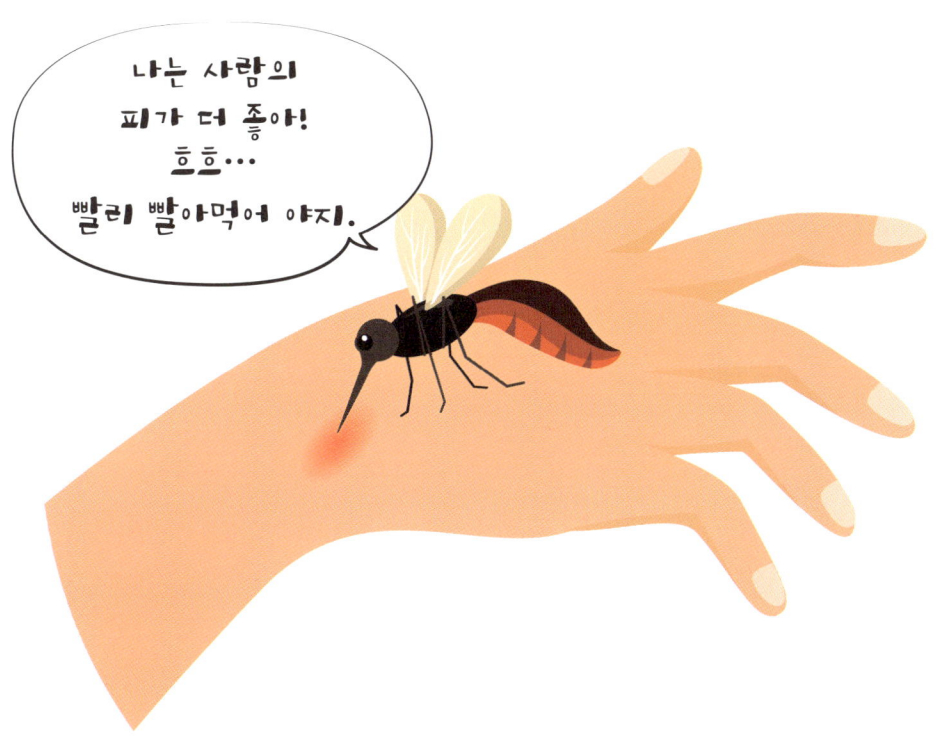

어두운 곳에 있다가 밝은 곳으로 나오면 잘 보이지 않는 이유는 무엇일까요

우리가 어떻게 볼 수 있는지 잘 생각해 보면 해답은 금방 나옵니다.

우선 눈 깊숙한 곳에 있는 신경이 빛을 느낌으로써 우리들이 물체를 볼 수 있게 됩니다. 이것은 카메라와 필름의 관계와 비슷합니다.

그러나 필름은 한 번 찍으면 또다시 물체를 찍을 수 없지만 우리의 눈은 그렇지 않습니다. 여기저기 얼마든지 다른 물체를 볼 수 있습니다.

　즉 필름에 칠해져 있는 빛을 느끼는 물질은 일회성이지만, 사람의 눈에서 빛을 느끼는 물질은 눈의 깊숙한 곳에서 끊임없이 만들어 내고 있으므로 물체를 계속해서 볼 수 있는 것입니다.

　그런데 너무 강한 빛이 눈에 들어가면 그 물질이 한꺼번에 많이 쓰이게 되므로 그것이 만들어지는 동안 잠시 눈이 보이지 않게 되는 것입니다.

입 속에 염증은 왜 생길까요

입 속의 염증은 여러 가지 원인에 의해 생기게 됩니다.

흔히 감기 등을 일으키는 바이러스에 의해 생기는 것과 이로 상처를 냈기 때문에 생기는 것이 있습니다.

어느 쪽이든 입 속에 짓무름이 생긴 것이므로 항상 입 속을 청결하게 해야 합니다. 특히 식사 후에 양치질을 잘하는 것이 매우 중요합니다.

생활 이야기

선풍기의 날개와 비행기의 프로펠러는 어떻게 다를까요

선풍기의 날개보다 비행기 프로펠러의 폭이 훨씬 좁습니다.

비행기는 시속 수백 킬로미터라는 빠른 속도로 날아가므로 프로펠러가 뒤쪽으로 밀어 주는 공기의 흐름도 그만큼 빨라야 합니다.

그래서 폭을 넓게 하는 것보다 지름을 크게 하고 폭을 좁게 만든 것입니다.

지름을 크게 하면 엔진의 같은 회전 수에서도 공기의 흐름이

빨라지기 때문입니다.

 선박의 경우는 물 속에서 움직이는 것이므로 프로펠러의 지름을 지나치게 크게 하면 물을 뒤쪽으로 밀어붙이는 효과보다도 충격이 더 크게 되어 에너지를 낭비하는 결과가 됩니다.

 오히려 프로펠러의 폭을 넓게 해서 반동하는 힘이 커지게 만드는 것이 좋습니다.

날계란과 삶은 계란은 어떻게 가려낼 수 있나요

날계란의 내용물은 액체이고 삶은 계란은 고체입니다. 계란의 껍질은 같아도 이렇게 내용물이 다르기 때문에 계란을 깨지 않고도 가려내는 방법이 있습니다.

여기서는 가장 간단한 방법 두 가지만 소개하겠습니다.

①계란을 손으로 들고 빛에 비쳤을 때 검게 보이는 쪽이 삶은 계란이고 희미하고 맑게 보이는 것이 날계란입니다.

②식탁 위나 쟁반 위에서 계란을 가로로 놓은 다음 양 끝을 손

가락 끝으로 누르고 한쪽 방향으로 세차게 돌릴 때 곧 일어서서 도는 쪽이 삶은 계란입니다.

달리는 기차의 창 밖을 보면 왜 먼 경치보다 가까운 곳이 빨리 지나갈까요

이 문제는 여러분도 얼마든지 실험해 볼 수 있답니다.

우선 눈 가까이에 엽서나 다른 아무 물건을 놓아두고 고개를 좌우로 흔들어 보세요.

그러면 그 물건이 시야의 한쪽 끝에서 반대쪽 끝까지 움직이고 있는 것으로 보일 것입니다.

이번에는 엽서를 든 채로 팔을 될 수 있는 대로 쭉 뻗고 고개를 좌우로 흔듭니다. 그리고 나서 엽서가 시야 앞에서 어떻게 움직이는지 주의해서 보세요.

전과 비교해서 조금밖에 움직이지 않는다는 것을 알 수 있을 것입니다.

기차를 탔을 때 창 밖을 보는 것도 이와 마찬가지입니다.

눈으로 바깥 경치를 쫓고 있을 때 가까운 것은 시야 속에서 움직임이 크기 때문에 빠르게 지나가는 것처럼 보이지만, 멀리 있는 것은 움직임이 작기 때문에 느리게 지나가는 것처럼 느끼게 됩니다.

냉장고에서 얼린 얼음은 왜 뿌열까요

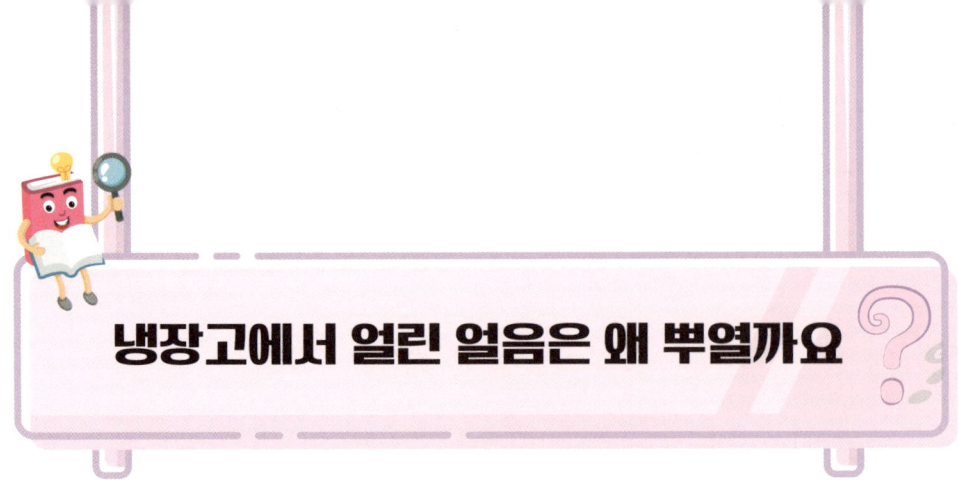

집에 있는 냉장고에서 물을 얼리면 투명하지 않고 흰빛으로 흐려진 얼음이 만들어지는 걸 볼 수 있답니다.

얼음이 흰빛으로 흐려진 까닭은 얼음 속에 공기의 작은 구멍이 수없이 갇혀 있기 때문입니다.

수돗물 속에는 공기가 녹아 있습니다. 그것을 얼리면 공기가 갇힌 채 얼음이 만들어집니다.

얼음을 만드는 공장에서는 물을 휘저어 물 속의 공기를 내보내면서 천천히 얼게 하므로 속까지 환히 보이는 맑은 얼음을 만들 수 있는 것입니다.

그러나 커다란 얼음도 자세히 살펴보면 중심부에는 거품이 생겨 흰빛을 띤 것을 볼 수 있습니다.

달리는 버스 안에서 펄쩍 뛰어도 제자리에 떨어질까요

버스가 갑자기 출발하면 서 있는 사람은 뒤쪽으로 넘어지게 됩니다. 또 갑자기 멈추면 앞쪽으로 고꾸라집니다.

일반적으로 모든 물체는 그 상태를 계속 유지하려고 하는 성질을 갖고 있습니다.

멈추고 있는 것은 멈춘 채로, 앞쪽으로 움직이던 것은 계속 앞쪽으로 나아가려고 하는 것이 바로 그 예입니다.

마찬가지로 달리고 있는 버스 안의 사람이 같은 차 안에 있는 사람에게는 멈추고 있는 것처럼 보이지만 버스 밖의 사람에게는 차와 함께 움직이고 있는 것처럼 보입니다.

따라서 달리는 버스 안에서 뛰어오른다 해도 몸은 계속 앞쪽으로 나아가려고 하는 성질을 갖고 있으므로 다시 제자리에 떨어지는 것이 당연합니다.

그러나 실제로는 버스 쪽이 먼저 나아가고 있는 경우가 많습니다.

멀리 있는 것이 작게 보이는 이유는 무엇일까요

　우리가 물체를 '크다', '작다'라고 느끼는 것은 시각(물체를 보았을 때의 퍼짐의 각도)의 크고 작음에 따른 차이 때문입니다.

　물체의 크기가 똑같을 경우 가까이 있는 물체를 볼 때는 눈의 각도가 커지고 멀리 있는 물체를 볼 때에는 눈의 각도가 작아집니다.

　한편 같은 거리에 있는 물체일 경우 큰 것을 볼 때는 눈의 각도가 커지고 작은 것을 볼 때에는 눈의 각도가 작아집니다.

이와같이 원근감은 두 눈의 작용에 의한 것입니다.

전기 플러그 다리에는 왜 구멍이 뚫렸을까요

전기 플러그 다리 끝에는 지름 3밀리미터 정도의 구멍이 뚫려 있습니다.

이것은 콘센트 쪽에 약간 튀어나온 곳이 있어 플러그를 꽂을 때 이 구멍에 콘센트의 튀어나온 곳이 꼭 끼게 되어 플러그가 빠지는 것을 막아 줍니다.

플러그를 꽂을 때 어느 부분에선가 플러그가 완전히 고정된 느낌이 드는 것은 이 구멍에 콘센트의 튀어나온 곳이 꼭 끼워졌기 때문입니다.

 그리고 콘센트의 구멍이 긴 것과 짧은 것이 있는 것은 플러그를 꽂는 방향을 일정하게 하기 위한 것으로, 전원이 일정한 방향을 갖는 직류 전류일 경우에 쓰이게 됩니다.

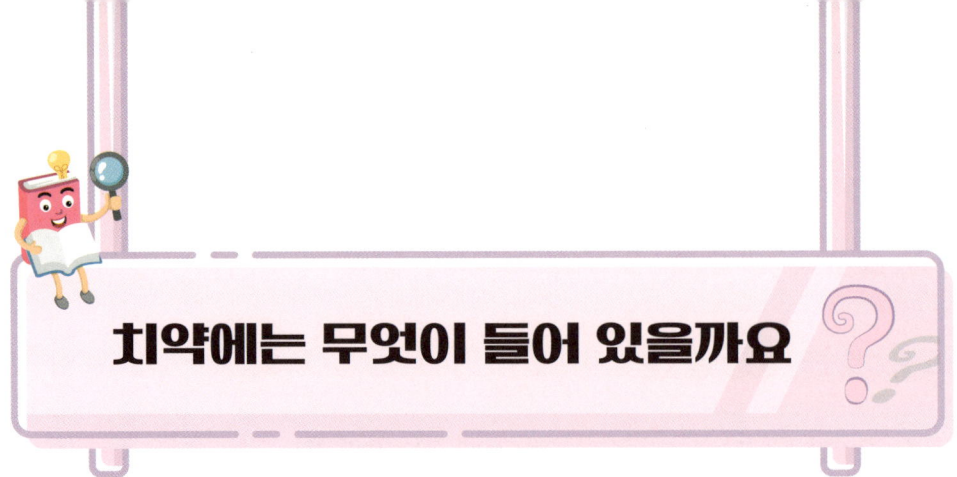
치약에는 무엇이 들어 있을까요

　우리가 가게에서 쉽게 살 수 있는 치약은 만든 회사에 따라 조금씩 성분의 차이가 있습니다.

　치약 속에 무슨 성분을 얼마만큼 섞어 넣었는지는 각 회사마다 극비 상황이기 때문에 정확히 알 수는 없습니다.

　하지만 치아를 청결하게 하고 건강하게 유지할 목적은 같기 때문에 들어가는 재료에는 큰 차이가 없습니다.

　먼저 치아의 기계적 청소에 도움을 주는 기본 재료로는 탄산칼슘·인산칼슘·탄산마그네슘 등이 있는데 그 중 대리석이나 조개 껍질, 달걀 껍질 등에서 얻을 수 있는 탄산칼슘이 주성분입니다.

또한 탄산칼슘 가루의 꺼칠꺼칠한 느낌을 없애기 위해 거품이 나는 물질을 사용하고 있습니다.

그 외에 입 속을 상쾌하게 하기 위해 약간의 단맛과 짠맛을 내거나 박하 향을 첨가하기도 합니다.

치약은 입 안에서 사용하는 것이기 때문에 맛과 향기를 위해 향료와 색소를 다양하게 사용하고 있습니다.

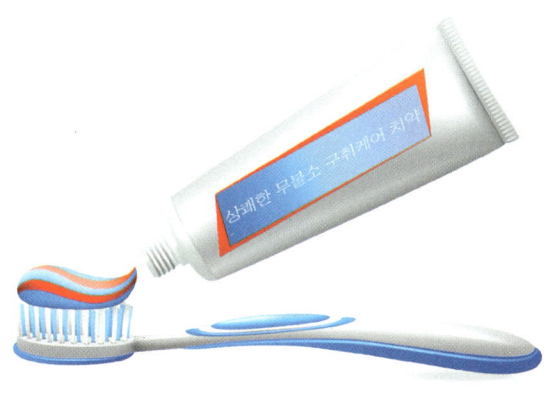

지구상의 물질 중에서 제일 단단한 것은 무엇일까요

여러 가지의 물질에는 각각의 단단함이 있습니다. 지금까지 알려진 바로는 다이아몬드가 가장 단단합니다.

좀더 단단한 것으로 덜 단단한 것의 표면을 문지르면 상처가 생깁니다. 즉 다이아몬드는 유리보다 단단하므로 유리 표면을 다이아몬드로 문지르면 상처가 납니다.

유리는 재미있는 성질을 가지고 있습니다.

유리 표면은 상처가 나면 그 부분에 금이 가기 때문에 다이

아몬드로 상처만 내어도 자를 수가 있게 됩니다.

커터(물건을 자르거나 깎는 데 쓰이는 도구) 등의 강철은 유리보다 단단하지 않으므로 유리의 표면을 문질러도 상처가 생기지 않으며 따라서 자를 수도 없습니다.

우표 뒷면에 칠해진 풀은 무엇으로 만들까요

여러 가지 취미 생활을 하는 어린이들이 많은데 그 중에서도 우표 수집을 좋아하는 어린이가 꽤 많습니다.

그러나 많은 우표를 가지고 있으면서도 막상 우표 뒷면에 칠해진 풀에까지 주의를 기울이는 어린이는 그리 많지 않습니다.

우표의 뒷면에는 아라비아고무를 물에 녹인 수용액을 칠하고 있습니다. 이 때 이 수용액이 마르면 우표의 종이가 뒤로 젖혀지게 되는데, 이러한 현상을 막기 위해서 약간의 글리세린을 아라비아고무에 섞어서 바릅니다.

이 글리세린은 공기 중에서 적당한 양의 수분을 빨아들이므로 우표의 종이가 뒤로 젖혀지는 것을 막아 줍니다.

우표에 칠해진 풀은 마른 후에도 물에 담그면 녹기 때문에 종이에서 쉽게 벗겨져 나갑니다.

이와같이 풀이 벗겨진 우표가 다시 마르게 되면 아라비아고무는 종이 위에 아주 조금 남지만, 글리세린은 녹아 버리므로 다시 종이가 뒤로 젖혀지거나 쭈글쭈글 주름이 잡히게 됩니다.

단팥죽에 소금을 넣으면 어떤 맛일까요

설탕 속에 소금을 조금 넣으면 단맛을 더욱 많이 느끼게 됩니다.

이것은 인간의 감각에 대한 흥미로운 사실을 말해 주고 있습니다. 즉 설탕의 단맛이 소금에 의해서 더 강해지는 것입니다.

요리를 할 때 소금을 넣는 정도에 따라 요리의 맛이 좌우되는 건 누구나 알고 있는 사실이랍니다.

소금을 너무 많이 넣으면 맛이 짜게 되고, 또 부족하면 맛을 제

대로 낼 수 없습니다.

　설탕의 120분의 1에 해당하는 소금을 넣었을 때가 설탕의 단맛을 가장 강하게 느낄 수 있다는 실험 결과가 나왔습니다.

　여러분도 한번 실험해 보세요.

우유를 데울 때 생기는 얇은 막은 무엇일까요

우유를 데우면 생기는 얇은 막은 단백질이 굳어져서 뜨는 것입니다.

우유 속에는 소가 자라기 위해 필요한 영양분이 가득 들어 있습니다. 그 중에서도 단백질은 중요한 영양분입니다.

단백질은 가열하면 굳어집니다. 계란을 삶으면 굳어지는 것은 계란 속의 단백질이 굳어지기 때문입니다.

단백질, 특히 우유 속의 단백질은 가열하지 않아도 썩으면 굳어집니다. 즉 우유가 썩을 때 생기는 산 때문에 굳어지는 것입니다.

유산균으로 굳어진 요구르트는 먹을 수 있지만 저절로 썩어서 굳어진 우유는 나쁜 세균이 들어가 있으므로 먹어서는 안 됩니다.

온도계에 부채질을 하면 온도가 올라갈까요, 내려갈까요

사람의 몸 표면의 공기는 체온으로 따뜻해져 있어 주변의 공기보다는 약간 높습니다. 이 때 부채로 부채질을 하면 그 따뜻해진 공기를 쫓아 버리게 됩니다.

이렇게 되면 체온보다 낮은 공기가 직접 몸에 닿게 되므로 시원해졌다고 느끼게 되는 것입니다.

또한 사람의 몸 표면에는 수분이 약간의 수증기 상태로 달라붙어 있는데 이것도 날려 버리므로 시원하게 느껴지는 것입니다.

또 한 가지 예를 들면 약간 뜨겁게 느껴지는 욕조에 들어가서 잠시 동안 몸을 움직이지 않고 가만히 있다가 둘레의 목욕물을 뒤섞으면 갑자기 뜨겁게 느껴지는 경우가 있습니다.

이러한 경우를 볼 때 부채로 공기를 움직여도 순간적으로 시원함을 느낄 뿐 실제 온도는 변하지 않는다는 걸 알 수 있습니다.

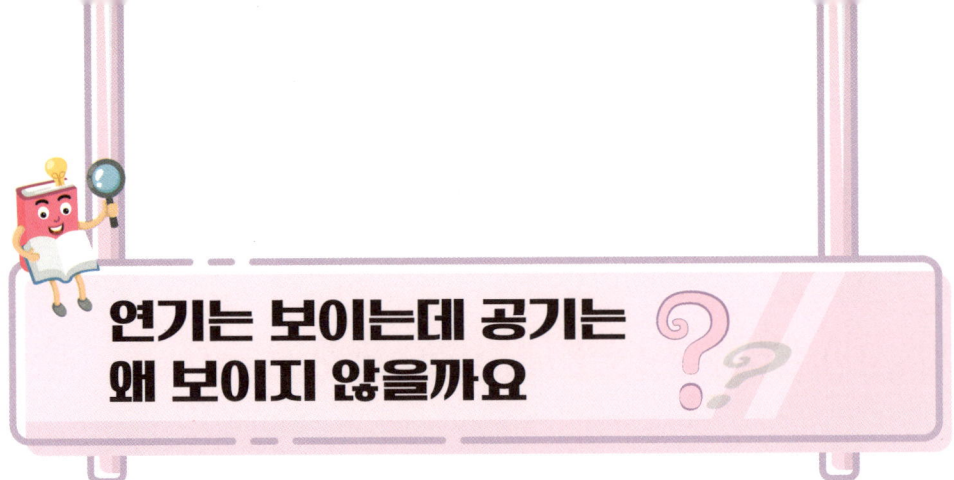

연기는 보이는데 공기는 왜 보이지 않을까요

연기는 물방울이나 기름 방울의 작은 입자가 모인 것이거나, 고체의 미세한 가루가 섞인 약간 온도가 높은 기체입니다.

그러므로 그 기체(주로 이산화탄소임) 이외의 것이 눈에 보이는 것입니다.

물론 연기 속에는 공기도 섞여 있습니다. 그러나 공기는 무색의 투명한 혼합 기체이므로 눈에는 보이지 않습니다.

그러면 여러분에게 숙제를 한 가지 내겠습니다.

공기를 눈에 보이게 하려면 어떻게 해야 할까요?

거울에 입김을 불면 뿌옇게 흐려지는 이유는 무엇일까요

거울이 입김으로 흐려지는 이유는 거울 표면이 차가우므로 숨 속의 더운 수증기가 작은 물방울로 변해서 달라붙기 때문입니다.

이것은 겨울날 아침에 토해 내는 숨이 하얗게 보이는 것과 똑같은 이치입니다.

거울의 표면은 입김을 불었을 때 온도가 약간 올라갑니다.

이것을 말끔히 닦아 낸 후에 두 번째 입김을 불면 수증기의 물방울이 훨씬 줄어듭니다. 즉 거울 표면의 온도가 높아졌기 때문입니다.

　이것은 여름날에 토하는 숨과 겨울날 아침에 내뿜는 입김이 틀리는 것과 같은 이유입니다.

　그리고 거울을 닦을 때 천으로 닦았는지 손으로 닦았는지에 따라서도 차이가 납니다.

　어쨌든 두 가지 경우 모두 닦을 때에는 마찰로 인해 거울 표면의 온도가 높아지는 것이 사실입니다.

　이렇게 여러 가지 경우에 거울이 어떻게 변화하는지 그 결과를 자세히 관찰해 보세요. 아마 틀림없이 훌륭한 연구가 될 것입니다.

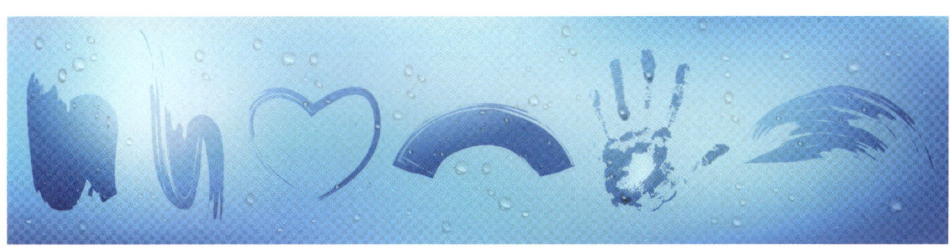

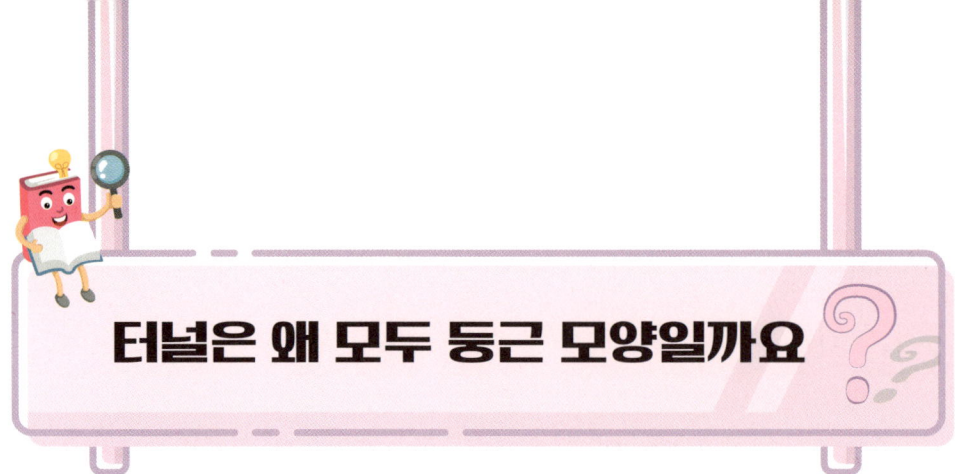
터널은 왜 모두 둥근 모양일까요

터널뿐만 아니라 수도관이나 가스관도 마찬가지입니다.

네모와 둥근 단면의 두 가지 경우 그 둘레에서 똑같은 힘이 가해졌다고 생각해 봅시다.

네모의 경우 네 개의 가장자리는 튼튼하지만 가운데 부분은 구부러지려는 힘이 작용해서 약해집니다.

그런데 둥근 단면의 것은 어느 쪽이든 똑같이 중심을 향해 있으므로 어느 한 부분만 커다란 힘이 작용하는 일 없이 항상 일정한 힘을 유지할 수 있습니다.

 그러므로 터널과 같이 주위에서 커다란 힘이 작용하는 경우에는 둥근 모양으로 하는 것이 가장 좋습니다.

냉장고 안의 채소가 말라 버리는 이유는 무엇일까요

　냉장고 속에 야채를 그냥 넣어 두면 말라 버리기 때문에 비닐이나 랩으로 싸서 보관해야 합니다.

　지금 실내의 공기 속에 들어 있는 수증기의 양을 기준으로 하여 기온이 높을 때와 낮을 때를 비교해 보면, 기온이 높을 때 습도가 줄어든다는 것을 알 수 있습니다.

　이러한 예로 볼 때 냉장고 안은 온도가 낮기 때문에 습도가 아주 높을 것으로 생각될 것입니다.

그러나 냉장고에는 얼음을 만드는 곳이 있어 냉장고 속의 수증기를 모두 얼게 합니다.

그래서 야채를 비롯하여 수분을 함유하고 있는 것에서 물이 증발하여 냉장고 안의 공기에 부족한 수분을 공급하게 됩니다.

이 수분이 얼마 후면 또 얼어 버려 채소는 점점 더 마르게 됩니다.

얼음 속에 있는 하얀 알맹이는 무엇일까요

물은 섭씨 0도가 되면 액체인 물이 고체의 물, 즉 얼음으로 바뀝니다. 이것은 물의 성질입니다.

물을 섭씨 100도로 데우면 수증기로 변하는데, 이것을 기화라고 합니다. 이것 역시 물이 가지고 있는 성질의 하나입니다.

어떤 물질을 판별하거나 알기 위해서는 그 물질의 성질을 알아야 합니다.

얼음 속에 있는 알맹이나 거품처럼 보이는 것은 공기입니다.

물이 얼어서 얼음이 될 때 기체인 공기는 거품처럼 되어 얼음의 덩어리 속에 갇히는 것입니다.

유리컵에 찬물을 가득 넣고 햇볕이 비추는 곳에 놓아 보세요. 얼마쯤 지나면 컵의 벽면에 작은 거품이 생기는 것을 볼 수 있습니다.

이것은 물 속에 녹아 있던 공기가 물이 햇볕의 열로 데워지자 더 이상 녹아 있을 수 없어서 작은 거품이 되어 나온 것입니다.

떨어지는 물방울은 어떻게 생겼을까요, 공처럼 둥근 모양일까요

공처럼 정확히 둥근 모양은 아닙니다. 물방울은 위쪽이 가늘고 아래쪽이 통통한 모양입니다.

물방울도 물받이에서 떨어지는 것, 수도꼭지에서 떨어지는 것, 주사 바늘에서 떨어지는 것 등 여러 가지지만 대부분 위쪽이 뾰족하고 아래쪽이 통통한 모양입니다.

우선 수도꼭지에서 떨어지는 물방울의 모양을 잘 관찰해 보세요.

물이 떨어질 때 표면적을 될 수 있는 대로 작게 하려고 물의 표면을 당기려는 힘(표면 장력) 때문에 바로 둥근 모양이 되어 버리는 것입니다.

그러나 공기 속으로 떨어지는 동안에 공기의 저항으로 아래쪽이 일그러지고 또 주위 공기의 흐름으로 모양이 변해, 물의 흐름 속에서 가장 저항이 작은 모양인 위쪽이 가늘고 아래쪽이 통통한 모양으로 되어 가는 것입니다.

밥을 주지 않아도 자동 시계가 계속 돌아가는 이유는 무엇일까요

　요즘에는 초소형 모터나 소리굽쇠, 수정의 결정을 사용한 것 등 여러 가지 시계가 있습니다.

　질문의 자동 시계는 태엽을 감아 사용하던 시계와는 달리 흔드는 것만으로 태엽이 감기게 하는 시계를 말합니다.

　이것은 시계 속에 추가 들어 있으며 이 추는 좌우 어느 방향으로도 돌 수 있게 되어 있습니다.

　용수철의 축에 이 추를 달아 놓고 톱갈고리 바퀴를 써서 오른쪽으로 돌 때만 갈고리에 걸려 태엽이 감겨지도록 되어 있습니다.

추가 왼쪽으로 돌 때는 갈고리가 벗겨져 태엽에는 아무런 힘도 걸리지 않게 됩니다.

겨울철 따뜻한 방 안의 창문이 뿌옇게 흐려지는 까닭은 무엇일까요

　무척 더운 여름날에 컵 속에 찬물을 가득 부어 두면 얼마 후에 컵 바깥쪽에 물방울이 생기면서 컵이 흐려지게 됩니다.

　겨울철의 따뜻한 방 안도 마찬가지입니다.

　공기 중의 물이 수증기 상태로 포함되어 있는 양은 온도에 따라 차이가 있는데, 온도가 높을수록 수증기가 많이 포함되어 있습니다.

　그리고 온도가 내려가면 그것은 더 이상 수증기로 있을 수 없으며 물로 되돌아갑니다.

 이 때 물은 미세한 입자 상태로 유리창이나 컵의 바깥쪽에 달라붙어 뿌옇게 보이는 것입니다.

알루미늄이 물에 뜨는 이유는 무엇일까요

알루미늄은 물에 비해 약 2.7배나 무거운 물질이므로 원래는 가라앉는 것이 정상입니다.

그런데 그것이 물에 뜨는 것은 물의 표면이 서로 끌어당기는 힘(표면 장력) 때문입니다.

물에 떠 있는 알루미늄판 곁에 석유를 한 방울 떨어뜨리면 알루미늄은 금세 가라앉습니다. 석유 대신 알코올이나 비눗물을 떨어뜨려도 마찬가지로 가라앉습니다.

알루미늄판을 비눗물이나 다른 것으로 깨끗이 씻은 후 물 위에 가만히 놓아도 즉시 가라앉아 떠오르지 않습니다.

알루미늄판이 물에 뜨는 경우는 표면에 기름 등이 묻어 있지 않고 물에 젖어 있지 않을 때입니다.

기름 속에서 알루미늄이 뜨지 않는 이유는 기름이 물보다 표면 장력이 작을 뿐만 아니라 기름은 알루미늄을 젖게 하기 때문입니다.

하얀 불꽃은 없을까요?

불꽃의 색은 모두 붉기만 할까요?

불꽃의 색은 불이 탈 때의 온도에 따라 제각기 달라집니다.

아주 높은 온도가 되면 백색 또는 청백색으로도 보입니다. 붉은색 불꽃은 섭씨 1000도 이하인 상태에서 흔히 보인답니다.

양초에 불을 켜고 한번 잘 관찰해 보세요. 불꽃의 각 부분에 따라 다른 색으로 보이는 것을 알 수 있을 것입니다.

밤하늘에 빛나는 별빛에도 붉게 보이는 것과 하얗게 빛나는 별이 있습니다. 이 둘 중에 붉은 별이 낮은 온도의 별이라고 합니다.

불꽃놀이를 할 때 보이는 불꽃의 색은 온도의 차이 때문에 생기는 것이 아니라 불꽃에 색이 나타나게 장치를 해 놓았기 때문입니다.

맑은 날인데도 비가 오는 까닭은 무엇일까요

가을에서 겨울로 바뀌는 11월 무렵, 즉 겨울 계절풍이 불 때쯤 종종 비가 내립니다. 이 무렵 내리는 비는 맑은 날씨에 내릴 때가 많습니다.

이것은 한랭 전선이 지날 때에 내리는 소나기이므로 내리는 장소도 일정하지 않으며, 내리는 방법도 갑자기 내리다가 곧 멈추는 정도입니다.

봄에 한랭 전선에 수반해서 비가 내리는 것도 여름의 장마와는 다른 일시적인 것입니다.

물고기 이야기

침팬지와 돌고래 중 어느 것이 더 영리할까요

지금까지의 연구 결과로는 인간과 대화할 수 있는 가능성이 가장 높은 동물은 고릴라나 침팬지가 아니라 돌고래라고 합니다.

돌고래에는 넓은 바다에 사는 것(외양성)과 육지 근처에 사는 것(근해성)이 있으며 그 종류는 약 40가지 정도입니다.

넓은 바다의 것은 경계심이 강해 기르기가 어렵습니다. 그러나 육지 근처에 사는 것은 그다지 경계심이 많지 않고 사람을 잘 따르므로 적당한 훈련을 받은 후에 수족관, 동물원, 놀이 공원 등에서 재주를 부리기도 합니다.

돌고래의 뇌 크기는 몸무게의 100분의 1 정도이지만, 뇌의 주름이 발달되어 있으므로 매우 영리합니다.

돌고래는 무리를 이루어 헤엄쳐 다니는 걸 좋아하며, 물 속에서 울음소리를 내어 서로 연락을 한다고 알려져 있습니다.

물고기도 방귀를 뀔까요❓

방귀는 음식물을 소화하는 효소가 부족하면 소화되지 않은 음식 성분이 장에서 발효되어 가스가 나오는 현상을 말합니다.

미꾸라지는 공기를 들이마시면 장으로 보내 장의 안쪽 벽에서 산소를 한꺼번에 확 내보냅니다.

일반적으로 우리들이 말하는 방귀와는 다르지만 방귀를 뀌는 현상과 아주 비슷하며, 장을 지난다는 점에서도 공통점이 있으므로 일종의 방귀라고 말할 수 있습니다.

그 밖에도 부레를 가지고 있는 기도에서 소화관(위나 장)에 이어지는 어류인 정어리, 연어, 잉어, 뱀장어 등이 있습니다.

뱀장어를 잠시 꺼냈다가 어항에 집어넣으면 때때로 항문에서 거품을 내기도 하며, 공중에서 배를 부풀린 복어를 어항에 넣으면 입이나 항문에서 거품을 내는 일도 있습니다.

물고기의 암컷과 수컷은 태어날 때부터 정해져 있을까요

자연 속에 존재하는 수컷과 암컷의 숫자는 거의 비슷하다고 합니다.

그런데 물고기 중에는 어릴 때는 전부 수컷이다가 자라면서 수컷과 암컷으로 나뉘어지는 것도 있으며, 어릴 때는 모두 암컷이다가 자란 다음에 암컷이나 수컷으로 나뉘어져 일생을 마치는 것도 있다고 합니다.

감성돔이라는 물고기는 부화한 지 1년이 지나 10센티미터 정도의 크기가 되면 수컷의 몸에 암컷의 특징이 나타납니다.

 2년 정도 지나면 수컷과 암컷의 특징이 공존하는 양성이 되며, 알을 낳을 때는 수컷의 역할을 합니다. 좀더 자라면 성별이 갈라지면서 수컷의 수가 더 많아집니다.

게는 왜 옆으로 걸을까요?

게는 개펄 등을 걷기에 좋도록 폭이 넓은 발이 생겨 하나의 넓적한 면을 이루며 다리와 관절로 연결되어 있습니다.

또한 다리의 각 관절이 앞뒤로 아주 가까이 붙어 있습니다.

이와 같은 두 가지의 이유로 앞뒤로 걷는 것보다 옆으로 걷는 것이 훨씬 쉽고 자연스럽게 움직여지는 것입니다.

그런데 게의 무리이면서도 비스듬히 걷거나 앞쪽으로 걸을 수 있는 것들도 더러 있기는 합니다.

뱀장어도 비늘이 있을까요?

뱀장어는 몸 전체에 골고루 비늘이 있습니다. 뱀장어를 만졌을 때는 비늘의 감촉이 느껴지지 않지만 살갗 아래에 틀림없이 비늘이 있답니다.

뱀장어의 껍질은 겉껍질과 속껍질로 이루어져 있는데 비늘은 속껍질에 있습니다.

뱀장어의 겉껍질에는 끈끈한 물기가 무척 많고 미끈미끈합니다. 그리고 확대경 등으로 확대해서 보면 길다란 원형의 작은 무늬를 한 많은 비늘이 나란히 줄지어 있는 것을 볼 수 있습니다.

보통의 물고기는 기와를 나란히 늘어놓은 모양의 비늘이 달라붙어 있는데, 뱀장어의 비늘은 소시지 모양을 한 둥근 비늘로 나이를 먹어 감에 따라 차츰 커집니다.

이 비늘은 나무의 나이테와 같은 모양으로 뱀장어의 나이를 짐작할 수 있습니다.

뱀장어는 몸 길이가 14~17센티미터 정도가 되었을 때 비늘이 생기기 시작하며 작은 뱀장어일 때는 비늘이 없습니다.

뱀장어를 관찰할 때는 21센티미터가 넘는 큰 것을 사용해야 합니다.

물고기는 모두 몇 종류나 될까요?

　현재 전 세계에 널리 퍼져 살고 있는 물고기 종류는 약 20,000~23,000종으로 알려져 있습니다.

　양서류(개구리, 도롱뇽 등)는 약 3,200종, 파충류(뱀, 거북 등)는 6,500여 종, 조류가 9,700여 종, 포유류가 4,500여 종으로 추측되고 있는데, 척추를 갖고 있는 동물 중에서는 물고기의 종류가 가장 많다고 합니다.

　지구 표면의 약 70퍼센트는 바다로 이루어져 있습니다.

그 속에는 157,000여 종이나 되는 해양 동물들이 살고 있으며 각각의 생태와 특징에 따라 그 종류가 나누어져 있습니다.

그러나 아직도 알려지지 않은 종류가 많을 뿐만 아니라 새로운 종류가 계속 보고되고 있습니다.

물고기의 나이는 어떻게 셀까요

물고기의 나이를 조사하는 여러 가지 방법이 있는데, 물고기의 종류에 따라서 그 방법이 각각 다릅니다.

① 비늘의 나이테를 세는 방법 ― 나이를 알아보는 데 흔히 쓰이는 방법이지만, 때로 몰려다니는 물고기에서 가끔 볼 수 있는 것처럼 4월과 8월에 나이테가 만들어지는 종류도 있으므로 주의해야 합니다.

② 고막 속의 뼈 조각이나 등뼈의 나이테로 조사하는 방법 ― 그

대로 나이테를 관찰할 수는 없으므로 숫돌 등으로 얇게 만들어 조사합니다.

③ 몸 길이로 조사하는 방법 — 많은 물고기의 몸 길이를 재어 그래프를 그려 보면 나이와 몸 길이의 관계를 알 수 있습니다.

④ 표지방류로써 조사하는 방법 — 물고기의 지느러미나 근육에 조사한 날짜를 적은 표지를 박아 넣어 강물에 넣어 준 뒤 다시 잡았을 때의 몸 길이나 나이테의 차이로 조사하는 방법이 있습니다.

⑤ 수족관 등에서 길러서 조사하는 방법 — 이것은 가장 정확한 방법이지만, 수족관은 수온의 변화가 없고 여러 가지 자연 현상이 일어나는 자연 상태와 환경이 다르기 때문에 올바른 결과를 얻을 수 없는 결점이 있습니다.

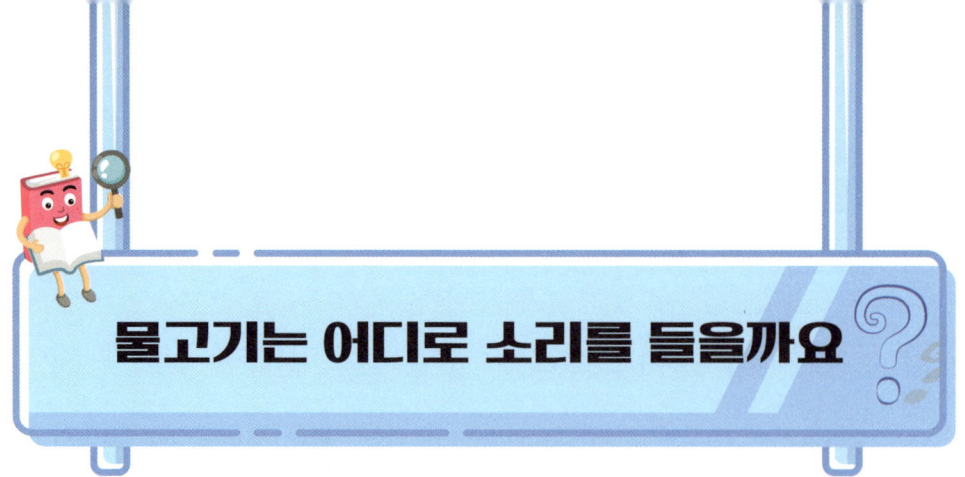

물고기는 어디로 소리를 들을까요?

　물고기는 사람이나 다른 동물들처럼 겉으로 드러나는 귀는 가지고 있지 않지만, 머리뼈 속에 속귀라고 하는 소리를 분별할 수 있는 기관을 가지고 있습니다.

　속귀는 대개 높은 소리만 느낄 수 있습니다.

　소리에 민감한 잉어 무리는 부레 가까이에 특수한 기관을 가지고 있어서 소리를 부레로 받아 그 기관을 통해 속귀에 전해 줍니다.

또한 물고기에는 몸의 양쪽에 옆줄이 뻗어 있어 물을 통해 전해지는 낮은 소리의 진동을 느끼고 행동합니다.

물고기는 곧 속귀와 옆줄로 소리를 분별하는 것입니다.

소리는 물 속에서 1초 동안 1,500미터나 나아갑니다. 땅 위에서는 1초 동안 약 300미터 나아가는 것에 비해 5배나 빠른 속도로 전해지는 것이므로 물고기는 대단히 소리에 민감한 편이라고 할 수 있습니다.

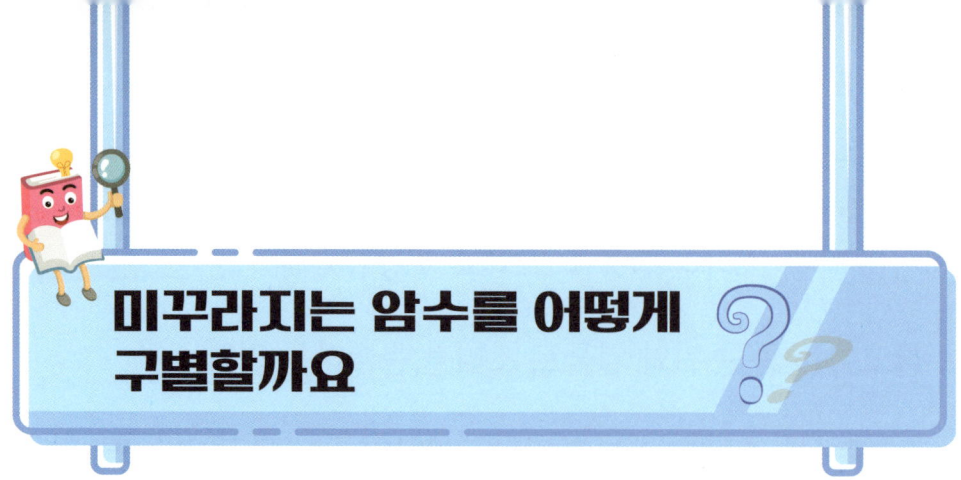

미꾸라지는 암수를 어떻게 구별할까요

미꾸라지가 암놈인지 수놈인지 알 수 있으려면 몸의 크기가 10센티미터쯤 되고 산란기인 4월에서 7월이 되어야 합니다.

수컷은 등에 검은 부분이 불룩하게 나오며 암컷은 배지느러미 위쪽의 몸통 부분에 동그스름하게 패인 부분이 생기게 됩니다. 이것은 산란기가 되면 나타나는 특징입니다.

미꾸라지의 산란 행동은 수컷이 암컷의 배에 감겨 붙기 쉽도록,

수컷은 몸통의 한 부분이 부분적으로 커지고 암컷은 우묵하게 들어간 곳이 생기는 것입니다.

플라스틱이나 고무로 만든 가짜 미끼에도 물고기가 걸려 들까요

물론 걸려 듭니다. 주로 육식이거나 식욕이 왕성한 물고기들이 미끼가 움직이는 소리나 색깔을 보고 착각을 일으켜 달려들어 물게 됩니다.

이 가짜 미끼는 '루어'라고 합니다.

아무런 맛도 없는 플라스틱이나 고무, 새의 깃털, 금속, 나무, 비닐 등으로 만드는 루어에는 3개의 낚싯바늘이 달려 있습니다.

물고기들은 갈고리 모양의 3개의 낚싯바늘이 달려 있는 루어를 먹는 행동으로 낚싯바늘에 걸려 들기 때문에 보통의 낚아채기 낚시질과는 다릅니다.

루어에는 물고기의 먹이와 전혀 닮지 않은 종류와 먹이와 비슷하게 만든 것이 있습니다.

이러한 인조 미끼에 과연 물고기가 걸려 들지 의심스럽겠지만, 실제로 아주 큰 효과를 거두고 있습니다.

물고기도 잠을 잘까요?

물고기도 잠을 잡니다.

집에서 기르고 있는 금붕어를 자세히 관찰해 보면, 밤에 어둠 속에서 바위 그늘이나 물풀의 그늘을 찾아 꼼짝 않고 가만히 있는 것을 볼 수 있습니다.

이것이 물고기의 쉬는 모습, 즉 잠자는 모습입니다.

사람과는 달리 물고기는 눈꺼풀을 닫는 일이 없으므로 잠을 자고 있는지 깨어 있는지 잘 알 수 없습니다.

물고기의 잠자는 모습을 예를 들면 대충 다음과 같습니다.

① 모래 속으로 기어 들어가 잠자는 물고기

놀래기과의 물고기 중에는 밤에 모래 속으로 기어 들어가 잠을 자는 것이 있습니다.

② 침낭을 덮어쓰고 잠자는 물고기

입 부근에 구멍이 뚫린 젤라틴 모양의 자루를 덮어쓰고 잠을 잡니다.

③ 바위 그늘이나 물풀 그늘에서 잠자는 물고기

바위 그늘에 숨어 꼼짝 않고 가만히 잠을 잡니다.

④ 헤엄치면서 잠자는 물고기

회유어인 방어, 다랑어, 고등어 등은 밤낮을 가리지 않고 헤엄쳐 다닙니다. 하지만 늘 깨어 있는 것은 아닙니다.

겨울잠을 자는 잉어는 먹이를 어떻게 먹을까요?

가을이 지나고 겨울로 접어들면 혹독한 추위로 연못의 잉어도 점점 운동이 둔해지게 됩니다.

또한 물의 온도가 섭씨 4~5도 정도가 되면 잉어는 연못이나 늪의 깊은 곳에 들어가서 꼼짝하지 않고 물의 밑바닥에서 진흙 속의 생활을 시작합니다. 이것이 바로 잉어가 겨울잠을 자는 것입니다.

다른 포유 동물의 겨울잠과 마찬가지로 잉어도 최대한 체력을 소모하지 않으면서 생활하기 좋은 계절을 기다리는 것입니다.

따라서 겨울잠을 자는 잉어는 꼼짝 않고 있기 때문에 호흡하는 데 별다른 어려움이 없으며, 먹이를 먹지 않더라도 몸에 저장한 지방 등을 조금씩 쓰면서 충분히 생활할 수 있습니다.

낚시를 할 때 물고기에 따라 끌어당기는 힘이 다른 이유는 무엇일까요

물고기는 23,000종쯤 되며 종류에 따라 물체를 바라보는 방향도 많은 차이가 있습니다.

바라보는 방향에 따라 앞쪽을 바라보는 쏨뱅이, 앞쪽 아래를 바라보는 도미, 앞쪽 위를 바라보는 농어, 위쪽을 향하고 있는 가오리 등이 있습니다.

입의 모양도 종류에 따라 다릅니다.

잉어처럼 바닥의 먹이를 먹기 쉬운 입 모양을 가진 물고기도 있고, 아래턱이 나와 있어 물 속에 떠다니는 먹이를 먹기 쉬운 입 모양의 물고기도 있습니다.

이처럼 바라보는 방향과 입의 모양이 각기 다르므로 먹기 위해 덤벼드는 각도와 끌어당기는 힘이나 방법이 달라지는 것입니다.

황어나 피라미는 먹이를 입에 물고 수평으로 가지만 잉어는 머리를 물 밑바닥으로 향하게 하는 등 그 움직임이 각기 다릅니다.

물고기는 왜 지느러미가 있을까요

물고기의 지느러미는 각각 여러 가지 모양을 하고 있으며 일반적으로 움직이기 편리하도록 만들어져 있습니다.

헤엄을 칠 때 대부분의 물고기는 꼬리지느러미를 조금씩 흔들면서 앞으로 나가고, 등지느러미나 가슴지느러미를 이용하여 몸의 수평을 유지하거나 방향을 바꾸는 일을 합니다.

또 어떤 물고기는 몸이 흘러가지 않게 바위 같은 것에 배지느러미를 붙이고 생활하는 것도 있습니다.

열대어인 버들붕어과 무리의 가슴지느러미는 먹이를 찾기 위한 탐지기로 사용됩니다.

'성대'라는 바닷물고기의 가슴지느러미는 바닥을 돌아다니기 위한 발과 같은 작용과 먹이를 찾는 역할을 함께 하고 있습니다.

또 쏙기미처럼 등지느러미에 독침을 가지고 적으로부터 몸을 보호하는 물고기도 있습니다.

수돗물에 금붕어를 넣으면 어떻게 될까요

수돗물에 금붕어를 넣으면 죽어 버립니다.

그 이유는 다음 두 가지가 있습니다.

첫째, 금붕어(어류)는 일정한 체온을 가지고 있지 않은 변온 동물이기 때문입니다.

이 말은 곧 금붕어는 어항 속 물의 온도와 거의 같은 정도의 체온으로 생활하고 있으므로, 이러한 상황에서 찬 수돗물을 넣게 되면 금붕어 몸 속의 균형을 무너뜨리게 되어 죽게 됩니다.

둘째, 수돗물에는 균을 죽이기 위해 염소를 넣습니다. 수돗물에 들어 있는 염소의 양은 물고기의 생명에 지장을 줄 만큼 위험한 양입니다.

그러나 수돗물을 받은 후 1~2일쯤 지난 다음에 사용하면 염소도 없어지고 물의 온도도 어항의 온도와 비슷하게 맞추어지기 때문에 괜찮습니다.

물고기도 색깔을 구별할 수 있을까요

물고기가 색깔을 구별한다 못 한다 하는 것은 오랫동안 논쟁거리가 되어 왔습니다. 그런데 1913년 혼프리치가 색깔을 칠한 어항 바닥과 물고기의 몸 색깔이 비슷한 점을 발견하고는 물고기가 색깔을 구별하는 능력이 있다고 주장했습니다.

민물고기인 피라미 같은 무리는 산란기를 맞이하면 수컷은 몸 색깔이 빨갛게 되며 암컷은 이것을 알아보고 행동을 취합니다.

수족관에서는 '물고기의 교통 신호'라고 하는 제목으로 다음과 같은 실례를 보여 주고 있습니다.

붉은색 등을 켜면 이 수조에 들어 있는 다랑어는 초록색 등이 켜져 있는 방향으로 나아갑니다. 아무래도 물고기는 붉은색을 싫어하는 것 같습니다.

위의 경우만 보더라도 물고기가 색깔을 구별할 수 있다는 주장은 일리가 있는 듯합니다.

물고기에도 코가 있을까요

　사람들은 흔히 물이 탁한 늪에서는 붕어나 잉어를 낚는 것이 힘들다고 생각합니다.

　그러나 물고기는 냄새를 느낄 수 있는 능력이 인간의 수십 배 혹은 수백 배나 되므로 탁한 물 속에서도 맛있는 냄새가 나는 먹이를 좇아 모여들곤 한답니다.

　대부분 물고기의 코의 위치는 등 쪽의 눈 앞에 있으며 상어는 배 쪽의 입 앞에 있습니다.

물고기가 냄새를 맡는 방법은 다음 세 가지가 있습니다.

첫째는 코의 가는 털로써 물이 코를 지나가게 하는 것입니다. 둘째는 헤엄을 쳐서 물이 코를 통과하게 하는 것입니다. 셋째는 코나 콧속의 기관을 움직여서 물이 지나가게 하는 것입니다.

뱀장어는 콧구멍으로 들어온 물을 통해서 코에 있는 많은 주름으로 냄새를 맡는 동시에 물은 나가는 구멍을 통해 빠지게 됩니다.

이 때 물고기는 먹이가 맛있는 것인지 맛없는 것인지를 구별하며, 맛있는 먹이라고 판단하면 그 방향까지도 느껴 찾아가는 것입니다.

물고기의 수염은 무슨 일을 할까요

　어두운 바다 밑에서 살고 있는 물고기들이 눈으로 먹이를 찾는 것은 쉬운 일이 아닙니다. 그래서 물고기는 수염으로 냄새가 나는 곳을 찾아 다니면서 먹이를 구합니다.

　수염은 맛이나 냄새를 동시에 느낄 수 있는 감각기를 많이 가지고 있습니다.

　맛있는 먹이인지 먹을 수 없는 먹이인지를 구별해서 신경에 전달하는 감지 기관인 것입니다.

이 감지 기관으로 전달된 것을 뇌에서 판단하여 먹이를 먹기 시작하거나 다른 장소로 이동하거나 합니다.

민물고기 중에서 수염을 가진 물고기는 잉어 무리, 미꾸라지, 메기나 용상어 등이 있고 바닷물고기 중에서도 쏠종개와 대구 무리에는 수염이 있습니다.

이들 물고기가 생활하는 장소는 대부분 어둑어둑하며, 쏠종개 등은 밤이 되면 먹이를 찾아 활동하기 시작합니다.

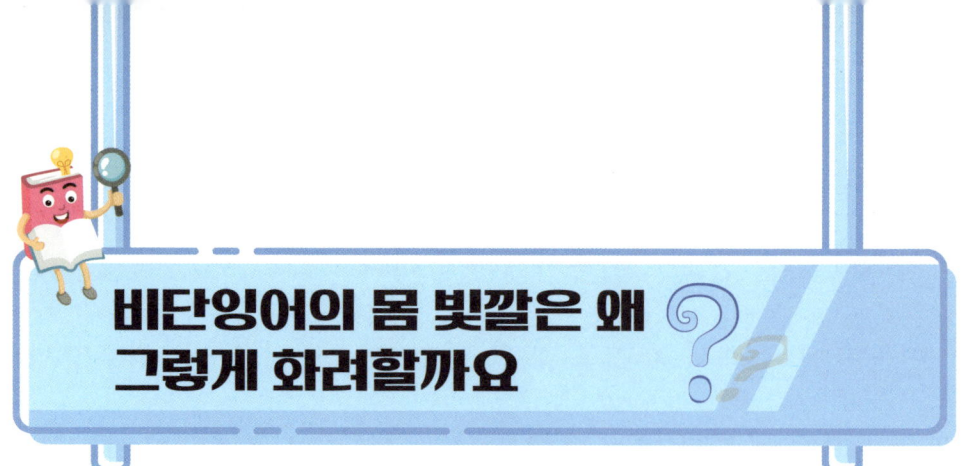

비단잉어의 몸 빛깔은 왜 그렇게 화려할까요

우선 비단잉어의 살갗의 모양새를 자세히 알아야 합니다.

비단잉어의 살갗은 겉면의 표피와 안쪽의 진피로 이루어져 있습니다.

물고기의 비늘은 안쪽 피부인 진피의 일부분입니다.

진피 속에는 몸의 색깔을 만드는 색소 세포가 많이 들어 있어 이것이 비단잉어의 아름다운 몸 빛깔을 만들어 내고 있는 것입니다.

색소 세포가 가지고 있는 색소에는 투명한 색, 노란색, 빨간색, 흰색 등이 있으며 이 색들이 섞이는 정도에 따라 몸 빛깔의 특징이 결정됩니다.

또한 진피의 안쪽이나 비늘의 윗면에는 '광채층'이라고 하는 빛의 반사판이 색소 세포의 색깔을 반사시켜 반짝이게 하거나 여러 가지 무늬와 색깔을 만들어 냅니다.

조개가 자라면 조개 껍데기는 어떻게 될까요

　조개는 보통 부드러운 몸을 보호하고 외부의 적으로부터 몸을 지키기 위한 조가비(조개의 껍데기)를 가지고 있습니다.

　그리고 조개가 자람에 따라 조가비도 몸의 크기에 맞게 자라게 됩니다.

　조가비는 아침과 저녁 하루에 두 번 밀물과 썰물 때에 매우 가느다란 성장선이 각각 한 개씩 생겨납니다.

　대합과 같은 조가비를 자세히 관찰해 보면 껍질 가장자리 위에

평행하게 나 있는 선을 볼 수 있습니다.

　이것은 일 년마다의 성장을 보여 주며 '성장맥'이라고 부릅니다. 그러므로 우리는 조가비를 보고 조개의 나이를 조사할 수 있습니다.

바닷물고기는 민물고기보다 맛이 짤까요

바닷물고기를 회로 만들어 먹어 본 적이 있나요? 소금기가 그렇게 많은 바닷물에 사는데도 바닷물고기의 맛이 짜지 않은 이유는 무엇일까요?

어떠한 생물이든 체내의 수분을 일정하게 유지하는 것은 매우 중요한 일입니다. 물 속에서 생활하는 물고기도 마찬가지입니다.

물고기의 피부는 물을 거의 통과시키지 않지만, 물고기가 아가미 호흡을 할 때 들어가는 물 중에서 꽤 많은 양이 몸 속으로 스

며들게 됩니다.

 물고기 체액의 농도는 민물보다는 높고 바닷물보다는 낮습니다.

 따라서 민물에 사는 물고기는 몸 속으로 물이 지나치게 많이 들어올 위험이 있으며, 이와는 반대로 바다에 사는 물고기는 물이 몸 밖으로 많이 빠져 나가 몸 속의 수분이 부족할 위험이 있습니다.

 이 때문에 민물고기는 체액의 농도를 일정하게 유지하기 위해서 잘 발달된 콩팥(몸에서 오줌을 만들어 내는 기관)으로 소금기가 적은 오줌을 눕니다. 그리고 아가미에 있는 염류 세포를 이용하여 필요한 만큼의 염분을 외부로부터 섭취합니다.

 바닷물고기는 몸의 각 부분에서 잃게 되는 수분을 보충하기 위해 바닷물을 마셔 장에서 흡수합니다. 그리고 소금기가 많은 오줌을 눔으로써 체내의 수분을 유지합니다.

 즉 바닷물고기는 바닷물과 함께 마신 소금기가 몸 속에 쌓여 있을 거라고 생각되지만, 지나치게 섭취된 소금기는 아가미에 있는 염류 세포를 통해서 토해 버리기 때문에 몸 속에 쌓이는 일은 없습니다. 그러므로 바닷물고기의 맛도 짜지 않은 것입니다.

재미있게 술술 읽는
저학년 과학상식

인쇄일 | 2024년 8월 25일
발행일 | 2024년 8월 30일

원작 | 류철상   **그림** | 강덕원
디자인 | 박형빈
펴낸이 | 김표연   **펴낸곳** | (주)상서각
출판신고 | 2015년 6월 10일 제25100-2015-000051호
주소 | 경기도 고양시 일산동구 성현로 513번길 34
전화 | (02) 387-1330
FAX | (02) 356-8828
이메일 | sang53535@naver.com

ISBN 978-89-7431-518-4(73400)

값 14,000원
※ 잘못된 책은 바꾸어 드립니다.